演讲与口才

主　编　谢飞县　刘　馨
副主编　车华权　霍韵琳
　　　　钟　珊　卞玉祥
参　编　段　妍　梁敏诗
　　　　庄梦琦
主　审　余　翔　孙朝阳

北京理工大学出版社
BEIJING INSTITUTE OF TECHNOLOGY PRESS

内 容 简 介

本教材内容包含演讲能力训练和口才能力训练两个部分共八个模块，其中演讲能力训练设置了演讲概述、演讲稿件、演讲技巧和演讲的态势语等，口才能力训练设置了口才概述、口才基础训练、求职面试口才训练和社交口才等，教材逻辑思路清晰，内容简洁明了，易学易懂，实用性强。各模块的能力训练素材丰富，特别适合中等职业学校开展相关的课堂教学、日常语言训练和赛前培训。

本教材可以作为中等职业学校公共基础课程的教材和学生语言素质拓展训练的教材，也可以作为刚毕业步入社会人员的自学用书。

版权专有　侵权必究

图书在版编目（CIP）数据

演讲与口才 / 谢飞县，刘馨主编. -- 北京：北京理工大学出版社，2023.3
　　ISBN 978-7-5763-2246-0

Ⅰ.①演… Ⅱ.①谢… ②刘… Ⅲ.①演讲—教材②口才学—教材 Ⅳ.①H019

中国国家版本馆CIP数据核字(2023)第058703号

责任编辑： 陆世立　　**文案编辑：** 武丽娟
责任校对： 刘亚男　　**责任印刷：** 边心超

出版发行	/ 北京理工大学出版社有限责任公司
社　　址	/ 北京市丰台区四合庄路6号
邮　　编	/ 100070
电　　话	/（010）68914026（教材售后服务热线）
	（010）68944437（课件资源服务热线）
网　　址	/ http://www.bitpress.com.cn
版 印 次	/ 2023年3月第1版第1次印刷
印　　刷	/ 定州启航印刷有限公司
开　　本	/ 889 mm × 1194 mm　1/16
印　　张	/ 10.5
字　　数	/ 207 千字
定　　价	/ 31.00 元

图书出现印装质量问题，请拨打售后服务热线，负责调换

前言

党的二十大报告指出：增强中华文明传播力影响力。坚守中华文化立场，提炼展示中华文明的精神标识和文化精髓，加快构建中国话语和中国叙事体系，讲好中国故事、传播好中国声音，展现可信、可爱、可敬的中国形象。加强国际传播能力建设，全面提升国际传播效能，形成同我国综合国力和国际地位相匹配的国际话语权。深化文明交流互鉴，推动中华文化更好走向世界。

站在新时代职业教育的沃土上，仰望中华五千年的文明和中国的现代化发展成就，广大中职学子应该以要自信、要进取、要开放的心态拥抱这个新时代。《演讲与口才》教材呼吁更多的中职学子大胆地拿起麦克风，用中职学生特有的专业技能知识，发出职教青年学子的声音，展示大国工匠的风采。

本教材是在广东技术师范大学学报主编余翔教授和广东省演讲学会会长孙朝阳老师的指导下，由从事中职学校教育教学工作近20年，具有丰富的国家级和省级演讲比赛经验的肇庆市工业贸易学校高级讲师、办公室主任谢飞县以及肇庆市广播电视台主持人管理中心主任刘馨牵头带领团队，研究编写的模块化训练教材。

本教材为适应中职学生发展特点和演讲与口才课程的基本要求，采取模块单元结构方式，并且按照通用演讲技巧和实用口才训练的流程进行设计。以案例为驱动，突出问题导向，坚持理论与实践相结合的原则，逻辑思路简明、文字浅显、图文并茂，讲究实用性、可操作性，突显学生的主体地位，强化学生的台上演讲能力和台下口才能力的训练，将演讲与口才素养和专业技能知识融入教学过程，以增强学生实用演讲能力、实用口才能力、可持续发展能力和终身学习能力。

《演讲与口才》教材可以作为中职学校公共基础课程的教材和学生语言素质拓展训练的教材，也可以作为刚毕业步入社会人员的自学用书。教师在教学的过程中适合采用案例教学法、任务教学法、小组讨论法等教法。

本教材共设置了8个模块，包括模块一演讲概述、模块二演讲稿件、模块三演讲技巧、模块四演讲的态势语、模块五口才概述、模块六口才基础训练、模块七求职面试口才训练、模块八社交口才等。每个模块由学习目标、案例导入、正文、插图、训练等内容组成，模块与模块之间层层递进、环环相扣，当学生完成模块学习后，可以形成演讲与口才的逻辑思维，同时具备登台演讲的能力和口才应用的能力。

本书的分配学时为72学时，具体分配参考建议如下：

序号	模块	参考学时
1	演讲概述	4
2	演讲稿件	14
3	演讲技巧	6
4	演讲的态势语	6
5	口才概述	4
6	口才基础训练	10
7	求职面试口才训练	14
8	社交口才	14
合计		72

　　本书由肇庆市工业贸易学校高级讲师、办公室主任谢飞县和肇庆市广播电视台主持人管理中心主任刘馨担任主编，并负责全书统筹、定稿；由肇庆市工业贸易学校车华权、霍韵琳、钟珊和肇庆市广播电视台播音主持卞玉祥担任副主编；由肇庆市广播电视台播音主持段妍和肇庆市工业贸易学校梁敏诗、庄梦琦担任参编；由广东技术师范大学学报编辑余翔教授、广东省演讲学会会长孙朝阳担任主审。具体编写任务如下：模块一由车华权编写，模块二由谢飞县编写，模块三由刘馨编写，模块四由卞玉祥编写，模块五由霍韵琳和段妍编写，模块六由钟珊和梁敏诗编写，模块七由谢飞县和卞玉祥编写，模块八由刘馨和庄梦琦编写。

　　本书在编写过程中，得到了广东技术师范大学学报编辑余翔教授，广东省演讲学会会长孙朝阳老师，肇庆市广播电视台主持人管理中心主任刘馨老师，肇庆市广播电视台播音主持卞玉祥和段妍老师的大力帮助与支持，得到了广东风华高新科技有限公司和广东省肇庆市华威电子商务有限公司提供的宝贵意见，同时参考引用了国内外部分网站、专家、学者、老师的有关资料和著作。在此表示感谢！

　　由于编者水平有限，书中难免出现不妥和错漏之处，还望大家谅解，在使用过程中有何问题敬请广大同行、读者批评指正。

编　者

目 录

模块一 演讲概述 …………………………………… 1
    单元一　演讲概说 …………………………………… 1
    单元二　演讲的类型 ………………………………… 4
    单元三　演讲的作用 ………………………………… 6

模块二 演讲稿件 …………………………………… **9**
    单元一　演讲稿的特征 ……………………………… 9
    单元二　演讲稿的选材 ……………………………… 11
    单元三　演讲稿的结构 ……………………………… 18
    单元四　演讲稿的语言 ……………………………… 31

模块三 演讲技巧 …………………………………… **41**
    单元一　基本功 ……………………………………… 41
    单元二　竞赛类演讲技巧 …………………………… 47
    单元三　非竞赛类演讲技巧 ………………………… 63

模块四 演讲的态势语 ……………………………… **75**
    单元一　面部表情 …………………………………… 75
    单元二　肢体动作 …………………………………… 78
    单元三　服饰着装 …………………………………… 84

模块五 口才概述 …………………………………… **89**
    单元一　口才的价值 ………………………………… 89
    单元二　口语表达的总体要求及常见问题 ………… 94
    单元三　口才的培养 ………………………………… 97

模块六　口才基础训练 ······ **103**

- 单元一　口才基础训练概述 ······ 103
- 单元二　发音训练 ······ 112
- 单元三　口才表达方式训练 ······ 115
- 单元四　思维训练 ······ 119
- 单元五　听力训练 ······ 121
- 单元六　幽默训练 ······ 122

模块七　求职面试口才训练 ······ **125**

- 单元一　求职面试口才准备训练 ······ 126
- 单元二　求职面试口才表达礼仪训练 ······ 129
- 单元三　求职面试口才技巧训练 ······ 135

模块八　社交口才 ······ **139**

- 单元一　社交口才概述 ······ 139
- 单元二　社交语言表达的基本要求 ······ 142
- 单元三　社交语言的实用技巧 ······ 146
- 参　考　文　献 ······ 162

模块一 演讲概述

学习目标

◎ 了解演讲的定义。
◎ 掌握演讲的分类。
◎ 能够明确演讲的作用。

案例导入

一年一毕业典礼。而毕业典礼上的"压轴大戏"——校长演讲，在公众的关注和期待下，变得更加"接地气""赶时髦""戳心窝"，成为毕业生享用一生的"心灵鸡汤"。

校长们的演讲有的以幽默风趣的语言谈及学生最关心的生活问题。如苏州大学校长熊思东用一组小数据"调侃"学生：你们每人平均每年消耗了150千克粮食，体重却只增加了0.3千克，这是否从侧面反映了各位在苏大只长知识而不长肉呢？有的站在学生的角度启发学生要在时代洪流中不忘初心，不断前行。如武汉大学校长李晓红寄语学生：谁的青春没有过迷茫？如何找到一条通往成功的路径？这就需要你们在时代洪流中找准人生的坐标与前行的方向，倾心打磨自己，精心雕刻自己，做自己人生的"工匠"。

校长们幽默风趣、富有智慧、充满情怀的毕业典礼演讲，为毕业生顺利开启了人生新阶段的"第一课"。

案例思考： 为什么大学校长们在毕业典礼上的演讲能打动毕业生并引起人们的共鸣？演讲对我们的现实人生有怎样的影响？如何学好演讲与口才这门课程，提高语言表达能力，使演讲成为自己的亮点和光环，拥有更精彩的人生呢？

单元一 演讲概说

演讲作为一种以语言为工具进行宣传教育的社会活动形式，既古老又年轻。说它古老是因

模块一　演讲概述

为演讲活动源远流长，伴随着人类文明的发展而发展；说它年轻是因为演讲活动在当今社会仍然具有强大的生命力。古今中外，越是在历史发展的重要关头、社会激烈变革的关键时刻，演讲的特殊功能就表现得越突出。

一、演讲的含义

对于什么是演讲，《说文解字》解释为："演，水长流也。讲，和解也。"引申为表演、阐述、论说等义。《现代汉语词典》（第7版）中的解释为："演说，就某个问题对听众说明事理，发表见解。"演讲，也叫演说、讲演，属于语言行为，是演讲者在特定的时空环境中，凭借有声语言（为主）和相应的态势语言（为辅），向听众发表见解主张，抒发感情，从而达到感召听众、说服听众、教育听众并促使其行动的一种艺术化的语言交际形式。演讲与讲课、谈话、报告、朗诵等有着不同的含义。

在西方，"舌头、金钱、计算机"被称为人生的三大"战略武器"。无论是演讲家还是普通人，都需要有一定的语言表达能力，参加演讲与口才课程的学习可有效提升学习者的语言表达能力。

优秀的演讲能力不是与生俱来的，有魅力的口才也绝不仅仅是嘴巴上的功夫。演讲与口才是一个人德、识、才、学的综合体现，"慧于心，才能秀于口"。只有"内外兼修，标本兼治"，方可让伟大的心灵不再沉默，让说话的价值增大百倍。

二、演讲的要素

演讲是人类的一种社会实践活动，除了应具备演讲的内容或演讲信息以外，还必须具备演讲的主体、演讲的受体、演讲的媒介、演讲的时空四个要素，缺一不可。

（一）演讲的主体

演讲的主体，即演讲者，他们是演讲活动的承担者和执行者。演讲者的素质、能力和演讲水平，不仅影响演讲者在听众心目中的形象，而且还直接影响演讲效果，甚至影响演讲的成败。一个优秀的演讲者必须具备良好的素质与较强的综合能力，具体而言有以下几点。

（1）高尚的道德情操。"德"是一个人的灵魂所在，决定了一个人的言论立场，是评价演讲优劣的关键所在。演讲者只有具有良好的职业道德、社会公德、伦理道德等，才能成为一个和谐发展的人，进而有效发挥演讲的宣传、鼓动作用。

（2）先进的科学思想。演讲者演讲的目的是教育人、启迪人，提高听众的思想认识、文化水平。演讲者应该成为"有识之士"，迅速掌握各种新思想、新科学，"识前人所未识，讲前人所未讲"，更好地服务听众。

（3）丰富的知识储备。古今中外的演讲家无一不是以博览群书、知识丰厚、学识渊博而著称的。演讲者的魅力深深扎根于知识的土壤中。要想获得演讲的成功，演讲者必须掌握社会人文、自然科学、专业理论等"知识利器"。常言道："工欲善其事，必先利其器。"丰富的知识储备是演讲成功的基本条件。

（4）较强的综合能力。多种才能的有机结合才会孕育出一个出色的演讲家。演讲是一个人综合能力的反映，主要包括敏锐的观察能力、科学的思辨能力、丰富的想象能力、较强的记忆能力、良好的表达能力、灵敏的应变能力等。演讲者的综合能力越强，演讲成功的概率就越大。

（二）演讲的受体

演讲的受体，即参加演讲活动的听众。听众是演讲活动不可缺少的有机组成部分。演讲者既要使演讲成为听众的一部分，也要使听众成为自己演讲的一部分，了解和掌握听众的心理特点最为重要。虽然听众的构成是多元的，其在听演讲过程中的心理活动和心理需求也是不尽相同的，但是在知识和审美需求这两个方面，却具有许多相通之处。

（1）知识需求。在演讲活动中增长自己的见识，获得某些新的信息，以丰富知识、拓宽视野，并从中得到一定的启迪。1920年，英国新实在论哲学家罗素应我国讲学社和北京大学的联合邀请来华访问。访问期间，罗素在上海、北平、南京等地作了多场演讲，受到了青年学生的热烈欢迎。据罗素回忆："青年听众的求知欲非常强烈，他们聆听演说时就像饥饿者面对盛宴一样。"

（2）审美需求。从某种意义上说，演讲活动也是一种审美活动。听众根据一定的审美标准，观照审美主体，在受到教育和启迪的同时，满足愉悦耳目、滋养心灵的需要。当然，不同的听众由于文化素养、认知水平、审美趣味的不同，在听同一场演讲时会产生不同的审美体验，也会对演讲作出不同的审美判断和审美评价。

（三）演讲的媒介

演讲者要想发表自己的意见，陈述自己的观点和主张，从而达到影响、说服、感染他人的目的，就必须借助与其内容相一致的传达手段。有声语言、态势语言和主体形象是演讲活动中传情达意的主要媒介。

（1）有声语言。有声语言是演讲活动中传递信息、表达思想最主要的媒介和物质表达手段。有声语言由语言和声音两个要素构成，以流动的方式承载着演讲者的主张、见解、态度和感情，从而产生说服力、感召力，使听众受到教育和鼓舞。演讲者的语言要准确、简洁、通俗、生动，声音要清亮、甜美，语气、语调要富于变化，做到科学性与艺术性的完美结合。

（2）态势语言。态势语言是演讲过程中不可缺少的一种重要媒介，指演讲者运用身姿、手势、眼神、表情等形体动作，作用于听众的视觉器官，辅助有声语言传情达意，以增强表达效果。演讲者运用态势语言，要注意准确、自然、得体和协调，具有表现力和说服力，能够使听众的听觉与视觉产生同步效应。

（3）主体形象。在演讲过程中，演讲者以整体形象，包括形体、仪表、举止和神态等直接作用于听众的视觉器官。而整个主体形象的美与丑、好与差，不仅直接影响着演讲者思想感情的表达，而且也直接影响着听众的心理情绪和审美享受，这就要求演讲者在自然美的基础上，讲究一定的艺术美。

（四）演讲的时空

演讲活动是在特定的时间和空间进行的，这就要求演讲者要善于审时度势、因人而异、随境而发、相机行事，根据演讲的场合和对象决定演讲内容，做到"到什么山上唱什么歌，见什么人说什么话"，以适应演讲场合，满足听众的需要。

单元二　演讲的类型

给演讲分类是十分必要的，它有利于演讲者把握各种演讲类型的特征，以指导演讲实践。根据演讲活动的形式、内容和语言风格的不同，对演讲进行不同的分类。

一、按形式划分

按照演讲的形式，演讲可以分为命题演讲、即兴演讲和辩论演讲。

（1）命题演讲是演讲者根据事先拟定的题目或话题范围，预先做好准备所进行的演讲。命题演讲主要包括全命题演讲和半命题演讲两种形式。全命题演讲的题目，针对性强、主题鲜明，由演讲活动的组织者确定，演讲者根据规定的题目进行演讲。半命题演讲，由演讲活动的组织者限定话题范围，演讲者根据自己的实际情况，拟定演讲题目进行演讲。目前学校所举办的演讲比赛活动，大多采用的是半命题演讲的形式。

（2）即兴演讲是指演讲者在事先没有准备或准备不充分的情况下，由眼前的情景、事物、人物所感，因兴而发的演讲。即兴演讲主要有生活场景和命题比赛两种形式。随着信息传播速度的日益加快，以及人们交往的日益频繁，即兴演讲成了人们工作和生活中使用频率最高、最受欢迎的一种演讲形式。

（3）辩论演讲是指对某一事物持不同观点的双方，在同一辩论环境中所进行的以坚持本方观点、批驳对方观点为宗旨的演讲，主要包括生活辩论、现场答辩和赛场辩论三种形式。在辩论演讲中，最具针锋相对、短兵相接特色的赛场辩论，是青年更喜爱的一种演讲形式。

二、按内容划分

按照演讲的内容，演讲可以分为政治演讲、学术演讲、法庭演讲、决策演讲、商务演讲、职场演讲和生活演讲等。

（1）政治演讲是一种非常严肃的演讲，也是一种针对国内外的政治问题与现实生活中的思想认识问题，进行分析和评论，并阐明和宣传某种政治观点及主张的演讲。它具有鲜明的思想性、严密的逻辑性和强烈的鼓动性。此类演讲要求演讲者具有高度的社会责任感，具备一定的政治远见和政治分析能力。外交演讲、军事演讲、政府工作报告等，就属于此类型。

（2）学术演讲是指演讲者就某些系统而专业的知识所作的专题讲座、学术报告和科学报告等。其内容要求具有科学性、系统性和独创性。

（3）法庭演讲是演讲中最古老的类型之一。它指的是公诉人、辩护人、诉讼代理人等在法庭上所发表的演讲，主要包括检察官的起诉词、律师的辩护词、被告的自我辩护等。法庭演讲以绝对的客观、充分的论据和雄辩的逻辑力量为特点，严禁主观色彩的渗入。

（4）决策演讲是指演讲者面对未来一定时期内有关活动的原则、方法、技术和途径等作出选择，并进行分析判断的演讲。这类演讲目的要明确，论据要充分，论证要严密，语言要准确。

（5）商务演讲是指演讲者在产品推介、项目运作和招商投资等商务活动中所发表的演讲。商务演讲以结果导向为逻辑起点，强调信息传递的精准性、信任产生的快速性和说服理由的充分性。

（6）职场演讲是指演讲者在实际工作中，为了展示个人的才华魅力，获得更多的支持者，以提高职场竞争力，促进职业发展，根据竞聘、就职和述职的相关要求而发表的演讲。

（7）生活演讲是指演讲者就社会生活中存在的各种问题、风俗、现象而作的演讲，它表达了演讲者对这些问题的看法、见解和主张。生活演讲涵盖的内容非常广泛，悼词、贺词、欢迎词、欢送词等都属于此类型。

三、按语言风格划分

按照演讲的语言风格，演讲可以分为激情型演讲、活泼型演讲、质朴型演讲、含蓄型演讲和雅致型演讲。

（1）激情型演讲，特别重视演讲的感染力和鼓动性。演讲者往往用充满激情、火热滚烫的语言去吸引、打动和感染听众，以激起其强烈的情感共鸣。闻一多的《最后一次讲演》，堪称这种风格的典型代表。

（2）活泼型演讲，语言新颖生动，句式灵活多变。陈铭在《女人永远是最佳辩手》的演讲中以轻松愉快的有声语言，富于表现力的态势语言，给听众以强烈的新鲜感，使听众在笑声中受到教育和鼓舞。

（3）质朴型演讲，追求本色、强调本真，讲究语言表达的准确性、科学性和严密性，以朴实无华的语言风格表达深刻的思想内容，引人深思，发人深省。阎肃的《感谢生活》就体现了这一风格。

（4）含蓄型演讲，音色柔和浑厚，语调自然平缓，节奏缓慢。在演讲中，以深沉的情感和低沉而缓慢的语调娓娓道来，给听众以心灵的启迪。

（5）雅致型演讲，没有紧锣密鼓的节奏，内容丰富，言辞温婉，富有韵味，追求以清新雅致的语言感染听众。毕淑敏的演讲《别给人生留遗憾》，就是因雅致的风格为听众所喜爱。

单元三　演讲的作用

演讲是一种"武器"，利用它可以赢得竞争优势；演讲是一条途径，通过它可以扩大发展空间；演讲是一种智慧，通过它可以获得诸多人脉。

一、真理的启迪

演讲重在以理服人，启迪听众。真理的启迪是一种理性的教育，它可以帮助人们认识社会现实和历史状况，辨别客观事物的美丑善恶，用真理取代谬误，陶冶性格情操，净化思想感情，规范道德行为。

二、情感的激发

成功的演讲不仅能以理服人，还能以情感人。列宁曾指出："没有人的情感，就从来没有也不可能有人对真理的追求。"演讲者借助声音、语调、姿势、动作、表情等直观地表情达意，激发听众产生激动、愤怒、沉痛等不同的心情。

三、艺术的感染

演讲是一种实用艺术，具有直观的艺术感染力，能够使听众在精神上产生愉悦、激动和满足的感觉。爱国主义、国际主义、集体主义和革命英雄主义情感都能通过演讲，深入人心。

单元三　演讲的作用

四、行动的导发

真理的启迪、情感的激发、艺术的感染，会形成一种合力，对听众施加影响，最终鼓动听众产生符合演讲目的的行动。这是演讲的终极目标，也是演讲优于其他欣赏艺术之所在。演讲的导发作用不仅作用于一代人，而且还能作用于几代人；不仅在一定区域内产生影响，而且会超越民族和国家的界限，作用于全人类。

演讲的四个主要作用统一体现在一场具体的演讲活动中，我们不能只就某一方面作孤立的分析。刘勰说："人禀七情，应物斯感，感物吟志，莫非自然。"演讲就是综合调动演讲要素，使听众从心底自然而然地生发向善向美之情。

小贴士

我们的时代是一个展现魅力的时代，也是一个竞争激烈的时代。演讲可以改变命运，口才可以决定人生。演讲用太阳神阿波罗的阳光语言照亮人间，用智慧女神雅典娜的智慧语言传播知识，用爱情女神维纳斯的爱美语言美化生活，被誉为最高级、最完善、最有审美价值的"艺术之女王"。

课后习题

案例分析

国内有一家生产医疗设备的企业，准备和国外的客商合作生产医用输液管。在上午的业务洽谈中，该厂厂长给外商留下了精明能干的印象，双方拟定第二天签约。想不到，下午外商参观完生产车间后，却不辞而别，派翻译转告厂长：我十分钦佩您的才干，但是您在车间里吐痰的行为让我不得不改变初衷，因为，一个厂长的卫生习惯能够折射整个工厂的管理素质，请原谅我的不辞而别。

问题： 1.为什么"一口痰，吐掉了一个项目"？

2.找到你身边的演讲"高手"，并对他们的演讲特点进行总结。

3.自由组合，有小组长确定演讲题目，进行小组演讲比赛，由教师进行点评。

模块二　演讲稿件

学习目标

◎掌握演讲稿的特征。
◎能够掌握如何进行演讲稿的选材。
◎了解演讲稿语言的内容。

案例导入

"曾经多少次跌倒在路上，曾经多少次折断过翅膀，我想超越这平凡的生活，我想要怒放的生命……"我正在阳台上享受着温和的阳光，耳边传来这首歌，我轻轻地哼唱。无意间，我发现了一株仙人掌正屹立在一片干涸的土地里，在阳光下奋发绿意。没想到它居然还活着！我可是已经一个多月没理过它了，它却依然咏唱着生命的歌。

望着这株小小的仙人掌，感受着浓浓的生命气息。

花需要阳光的滋养，才能开得娇艳美丽，缺水的仙人掌在阳光的呵护下，依旧能绿意盎然。人，也是如此，只要有坚强的意志，就没有过不去的坎，只要有阳光般的爱渗入生命，就能唤醒那千千万万颗沉睡的心。同学们，让我们从现在开始，一起善待生命、热爱生活吧！

案例思考：为什么娓娓道来的演讲稿深受观众的喜爱和欢迎，演讲前我们需要做好哪些准备工作，掌握哪些关于演讲稿的知识呢？

单元一　演讲稿的特征

古往今来，在社会变革中如何运用演讲的方式，迅速而有效地传递信息或表明观点呢？写好演讲稿是演讲走向成功的一个重要环节。

模块二　演讲稿件

一、演讲稿的作用

演讲稿是进行拟稿演讲的主要依据，规范了演讲的内容和形式。写演讲稿不同于写一般的文章，它需要有一个把视觉转换为听觉的过程。这就要求，写演讲稿时要把书面语言还原为口头语言，把语言写活。只有这样，才能符合听众的要求，满足听众需要。具体而言，演讲稿有以下几个作用。

（1）梳理演讲思路。撰写出一篇好的演讲稿可以使演讲的主题更加鲜明，内容更加完美，结构更加清晰，观点和材料更加统一。在演讲的过程中，万一忘记词儿了，还可以起提示演讲内容的作用，保证演讲顺利进行。

（2）美化演讲语言。没有演讲稿，演讲者在演讲现场临时组织语言，很可能会出现语无伦次、词不达意的现象。撰写演讲稿，演讲者有充裕的时间来字斟句酌，会使语言表达更加贴切完美，更具有感染力。

（3）消除怯场心理。初次参加演讲的人，演讲时最害怕大脑一片空白，忘记演讲内容。撰写演讲稿让自己心中有文，可以增强心理优势，轻松演讲。

（4）把握节奏和速度。演讲通常都有时间限制，有了演讲稿，演讲者就可以按字数的多少来确定演讲的节奏和速度，从容不迫地在规定时间内完成演讲。

坚持原创、真诚表达，用真诚的声音和观众进行心灵的分享；言之有理、言之有物、言之有情、言之有味，使演讲充满魅力。

真的火种、善的使者、美的旗帜是演讲艺术的靓丽标志，深刻的思想、真诚的感情、生动的表述是镶嵌在演讲艺术桂冠上的三颗明珠。

二、演讲稿的特点

演讲是演讲者就人们普遍关注的某种有意义的事物或问题，通过口头语言面对一定场合的听众，直接发表意见与听众进行双向交流的一种社会活动。演讲时演讲者既要传达自己的思想和情感，也要控制自己与听众、听众与听众情绪的应和与交流。相对其他文体，演讲稿有以下几个特点。

（一）针对性

演讲是演讲者在一定的场合，面对特定的对象，为了达到某种目的而进行的一种社会实践活动。因而，拟稿演讲，首先要注意选题的针对性，紧紧围绕某个特定的宣传任务落笔；其次要看对象，根据听众的实际情况写他们感兴趣的事，以缩短与听众的心理距离。

(二)情感性

诗人白居易说:"感人心者,莫先乎情。"演讲的目的和作用就在于打动听众,使听众对演讲者的观点或态度产生认同感。拟稿演讲更容易把火热的激情融化在演讲词里,倾注在有声语言中,感染听众、打动听众。"讲",而不在于"演",它以"讲"为主,以"演"为辅。因而,撰写演讲稿要以"上口入耳""易说能讲"为前提,句子要简短,句式要变化,语言要通俗,用词要精练,语气要自然,声调要起伏。高质量的演讲稿能激发听众情绪,赢得听众的好感。

(三)鼓舞性

演讲是一门艺术,精彩的演讲能够打动人、鼓舞人。所谓鼓舞,就是用声调、词句、姿态激发听众的情绪,使听众行动起来。拟稿演讲可以运用比喻、拟人、排比、对比等多种修辞手法,增强演讲的鼓动性,有效地宣传自己的主张,呼唤听众的心灵共鸣。

单元二 演讲稿的选材

在社会生活中,可供演讲的材料是极其丰富的。但是,演讲内容的广泛性并不意味着演讲选材的随意性,具体到某一次特定情境中的演讲,由于受演讲的主客体诸多因素的制约,选材时便要考虑这些因素。

一、演讲稿的选材原则

演讲稿的选材必须遵循以下基本原则:

(一)贴切

选材贴切首先是指选材必须切合演讲主题需要。材料的引用是为了说明观点、阐述道理和深化主题,所以选用材料要紧密围绕演讲的主题来进行,使道理自然地寓于事例之中,让人听后感到顺理成章。

其次,选材贴切是指选材要针对听众和场合的需要。一是针对不同听众选择不同材料。只有选择易使听众理解的材料,听众才能接受;只有选择与听众联系密切的材料,听众才会感兴趣;只有选择听众迫切希望知道的材料,才会受听众欢迎。二是针对不同场合选择不同的材料,以使演讲不仅思想正确,而且内容得体。

发问的目的是引发思考:思考致善,思考致远,思考致胜!演讲词选材贴切,构思密,语言生动,观点睿智,发人深省。

（二）真实

选材真实，就是指材料既要符合客观实际情况，又要能反映客观事物的本质。主流演讲中使用的材料必须来源于客观生活，不能捕风捉影、道听途说，更不能无中生有、胡编乱造。但是现实生活中有些事实，由于只是一种表面现象、片面现象或偶然现象，用这类材料显然不能正确地反映生活和深刻地表现事物。所以，只有那些能反映生活本质和主流的事实，才是确凿的真实材料，才能使演讲的主题立于牢固基础之上。

真实是演讲的基本原则。正因为真实，才达到了"言三响贵真讲"的演讲要求。"三响"指"响事""响情""响语"。"响事"即响亮的事情，足可以扣住人；"响情"即响亮的情怀，足可以感动人；"响语"即响亮的语言，足可以说服人。

（三）典型

典型材料就是最能反映事物特征、最有代表性、最能有力地揭示事物的本质，对表现主题具有突出说服力的材料。演讲材料的选择在于精而不在于多，虽然事物的本质和规律，总是通过个别的、特殊的事实表现出来，但并不是任何事实都能反映事物的本质，只有那些能够集中体现事物本质，在同类事物中最有代表性的典型材料才能"片言居要"，更好地论证演讲的主题，增强演讲的思想性和表现力。所以，写演讲稿时应从众多的材料中选择那些最有表现力和感染力的典型材料。

刘建康院士从事鱼类研究五十余年，曾以其卓越的科研成果实现了湖南省属大学教授当选两院院士"零"的突破。他从不计较个人得失，总把教学科研作为自己的第一追求。对于研究实验，他必到现场指导。有一次，"四大家鱼人工繁殖"雨后观测实验必须在凌晨三点进行，刘老师年纪大，天黑路滑，大家怕他摔倒，所以都好心不让他去现场。可是，当负责实验操作的同志在现场遇到难题时，大家忽然又听到了那个熟悉的声音。原来，刘老师不知什么时候又来到了他们身边……刘院士已经近80高龄了，按理说他早可以安度晚年、尽享天伦，然而他老骥伏枥，志在千里！他说："我现在正在做菜篮子里的新课题——娃娃鱼的人工繁殖。这事情做成了，不仅可以保护这一物种，老百姓也有口福啦！我想起这些要做的事情，就觉得很年轻，我要和你们一起奔跑下去……"其实，令我们骄傲的远不止这些，走进风景如画的校园，我们随处可见那些白发苍苍的教授，那些为了学校建设发展和祖国教育事业呕心沥血、鞠躬尽瘁的学者专家。……他们都是师德的标兵、敬业的楷模，都是一面面光荣的旗帜！（蔡颂《奔跑的旗帜》）

上述演讲稿凸显出"三个典型"：一是人物典型，刘院士就是一面带头奔跑的旗帜；二是事例典型，刘院士的教学科研成果不胜枚举，作者没有大肆宣扬其功绩，却选取了"四大家鱼人工繁殖"雨后观测实验这一事例，置典型人物于平凡的教学科研工作中，通过细节彰显其个性及师德，笔墨不多，对人物的刻画却入木三分；三是品格典型，从带头奔跑的刘院士到众多白发苍苍的学者专家，他们具有同样可贵的品格。作者采用以点带面的方式自然推进，寥寥数笔清晰勾勒出"奔跑的旗帜"的教师群像，在巧妙提升主题的同时，将典型人物的典型品格展现得淋漓尽致，崇高师德令人感动。

（四）新颖

见解独特的演讲能启迪听众的智慧，给听众留下深刻的印象。演讲中，所选材料的新颖度对表达主题有重要作用。选材陈旧，令人听来枯燥乏味，主题的表达也就会受到影响，只有新颖的材料才能吸引人。因此，演讲者应善于捕捉社会生活中层出不穷的新事实、新经验、新问题，善于总结，做出理论上的概括，并以此作为材料。另外，也可以选择那些虽非新出现的，但人们却没说过或很少说过的事实作为材料，或者虽是人们常说的陈旧事物，但换一个角度来选材，从而给听众以新鲜感。

我知道，你们还有一些特别的记忆。你们一定记住了"俯卧撑""躲猫猫""喝开水"，从热闹和愚蠢中，你们记忆了正义；你们记住了"打酱油"和"妈妈喊你回家吃饭"，从麻木和好笑中，你们记忆了责任和良知；你们一定记住了"姐的狂放""哥的犀利"。未来有一天，或许当年的记忆会让你们问自己，曾经是"姐的狂放"，还是"哥的寂寞"？（李培根在华中科技大学2018届毕业典礼上的演讲）

在上述演讲稿中，"躲猫猫""打酱油""妈妈喊你回家吃饭""姐的狂放""哥的犀利"等都是当时的流行语，使用这些"新鲜"词语和材料不仅能恰当地表现主题，还十分贴近学生的心理，拉近了校长与学生的距离。

二、演讲稿的选材途径

演讲者只有选择高质量的素材，才能完成高水准的演讲稿。所以对于演讲者来说，了解如何去寻找素材就显得尤为重要，以下是几种常用的寻找演讲素材的途径：

（一）经历

个人经历对于个人来说是具有相当权威的可谈论的内容。演讲者的特殊经历、工作和生活都能为演讲者提供可用于演讲的素材。然而，在将个人经历作为演讲的材料之前，演讲者应该问自己几个关于信息有效性的关键问题：第一，个人经历是否具有典型性；第二，个人经历是否是偶发事件；第三个人经历能否让听众欣赏或学习到相关经验；第四，个人经历能否证明某个需要表达的观点；第五，个人经历的陈述是否会伤害别人，等等。

（二）采访

我们所处的人际交往圈中有许多具有某方面专业知识的人，比如具有政治学知识的政府工作人员，具有健康护理知识的医生护士，具有建筑知识的工程师，具有工商业知识的私人业主和经理等，他们都具有较高的职业素养和较扎实的专业知识。我们会发现，采访是获取素材资源的有效方式。你采访的对象会为你提供观点、开场白并引导你寻找其他素材资源的有用信息。需要注意的是，采访前应做好计划，以便采访顺利进行并取得预期效果。

（三）图书馆

图书馆几乎拥有我们所需要的所有素材和资料如杂志、报纸、图书、录像带等，应有尽有。如果对图书馆的资源不熟悉，就一定要咨询专门帮助查询信息来源的图书管理员。图书馆的参考咨询部有许多有用资源，除了专业大百科全书，还有专业词典、年鉴、名人名言、名人传记和地图集等，图书管理员能快速帮我们确定这些专业参考资料是否对演讲主题有所帮助。

多数图书馆提供大量可以用来确定信息来源的索引和目录。事实上，现代图书馆提供多种信息查找方式，通常最困难的工作是不知从何开始。图书馆的网站通常会提供两种信息查找方式：电子目录和电子期刊索引。

1. 电子目录

现在，多数图书馆都有电子目录——包含图书、期刊或其他图书馆资源信息的数据库。计算机目录与旧式的卡片目录相似，因为它也有图书编目号码，也是按照作者、学科和标题查找。当查找与主题相关的素材资料时，计算机能帮助我们缩小查找的范围——卡片目录则不具备这个功能。我们首先输入一个词或短语，如"道德规范"，计算机就会显示所有与道德规范相关的副标题列表；从中选择一个副标题后，与这个特定主题相关的素材资料列表就会出现在屏幕上。在这个列表上，不仅能看到书名及其存放位置，还能看到它们的借阅状态，如果已被借出，那么还会显示归还时间。在这个列表上，有时还会包括某本书的简要介绍。

电子目录不仅能用来查找图书，多数图书馆还允许用户查找期刊和其他资料。尽管无法通过电子目录查找到一本杂志的某篇文章或者技术期刊，但可以查找其来源。在某些情况下，电子目录会提供原始素材资料所在期刊的电子全文版链接，我们可以借此浏览原始素材资料。

2. 电子期刊索引

期刊是一种定期出版物。我们通常只对期刊的某篇报道或某篇文章感兴趣，而不是像图书那样对整期或整版都感兴趣，因此期刊是一种不同于图书的资源，我们可以使用专业数据库查找与演讲主题相关的具体文章。

如果演讲主题非常专业，那么咨询图书管理员能帮助我们找到有价值的资源。电子期刊索引的工作原理与多数互联网的搜索引擎相似。有经验的演讲者经常使用多种期刊索引查找信息。不是每个图书馆都具备这些数据库，如果我们去的图书馆没有订购某个数据库，图书管理员可以帮助我们找到替代资源。

（四）互联网

互联网已经成为资料搜集的主要渠道，它能提供大量的多媒体文件、图片和其他类型的信息。

尽管网络具备诸多优势，在使用网络资源时却必须谨慎。首先，我们应该知道网络资源有"免费"和"收费"之分，最好最权威的网络资源往往来自需要付费的高质量信息源；其次，核实所查到的网络信息很关键，网络素材资料来源很多，但许多网络信息往往经不起推敲，这就需要我们树立网络信息求真的意识，利用各种渠道全面检验所查找的网络素材资料是否真实有效。

下面介绍一个可以提高网络搜索水平的技巧，即学会使用搜索引擎，搜索引擎的主要作用就是帮助我们在海量的网络信息中寻找到我们所需要的信息和素材资料。尽管搜索引擎能找到数千个包含搜索词汇或短语的网站，但它的弊端是总会出现许多不相关的网站信息。搜索引擎的一个替代品是虚拟图书馆，它可以提供相关性和可用性已得到评估的网站链接。

许多搜索引擎提供两种信息访问方式：第一种方式是点击搜索引擎网站主页上列出的一个主题分类，随后就会出现更具体的子分类，你可以根据特定的概念、人物、主题、爱好等查找网络资源；第二种方式是进行关键词搜索。如果我们仍处于挑选或确定主题的初始阶段，我们可以运用第一种方式——明确的分类列表或许能帮助我们进行主题挑选和确定。如果我们已经确定了演讲主题，就可以使用关键词搜索的方式进行搜索，寻找到演讲主题所需的大量素材和资料。

三、演讲稿的选材方法

"巧妇难为无米之炊"。的确，观点再好，如果没有材料做支撑，写出的演讲稿也只能是没有"血肉"的空壳。为了挑选出最佳的素材，我们就需要学习选材的方法。

（一）结合自身选材

虽然演讲者应该始终关注听众，但是演讲者首先也需要确定自己是否对某个主题的材料感兴趣。如果演讲者对选材感兴趣，就会充满热情，听众也愿意分享这种感受。如果演讲者对某个素材毫无兴趣，听众是能感觉到的。

对自身拥有的材料进行研究是每个演讲者的责任。演讲者应该对自身所拥有的材料有一定的了解，同时还应该去深入研究这个材料。如果演讲者对某个主题的了解超过多数听众，或者他能通过学习做到这一点，那么这个主题的材料就是适合他的。大多数人对演讲主题只具有浅薄的知识，演讲者对某个具体主题的了解应该比听众多，只有在他具备这种知识储备后，才能较好地把握这些与主题相关的材料。

（二）结合听众选材

演讲者有责任引起听众对于相关材料的兴趣。假设演讲者对基因工程非常感兴趣，但他意识到其他人对此可能不太感兴趣，那么就可以找一个共同感兴趣的切入点。同时，演讲者要考虑材料在听众看来是否有价值。如果听众对这个材料已经很熟悉，那么演讲者要认真思考自己将要传达给听众的信息是否具有吸引力。

在具体分析演讲材料是否适合听众时，可以从以下几个方面入手：

1. 需求

了解听众的需求是演讲成功的前提，演讲材料的选择不能以自我为中心，从挑选素材开始，就要紧紧围绕听众的需求。演讲者必须考虑听众能从这次演讲中得到什么，要理解听众来听这次演讲的深层次动机。演讲者设计演讲稿的时候，要重点围绕大多数人的需求，照顾到他们的利益，满足他们的深层次心理动机。否则，演讲者选择的演讲材料就是无的放矢，最终变成一个人的舞台和独角戏，而不会引起台下的共鸣。例如演讲者要做一次关于"学习技巧"的演讲，听众的需求是了解学习技巧，听众的利益是希望通过聆听演讲来提高自己或他人的学习效率，以便获得更好的学习成绩。他们深层次的动机是为了在老师同学和家人面前更有尊严。如果演讲者在演讲材料的选择上能同时照顾到学生、家长、老师的共同需求、利益和动机，那毫无疑问演讲将会取得成功。

2. 经历

这里所指的经历包括学习经历和人生阅历。毋庸置疑，初中生和研究生，由于学历的差距对演讲的期许完全属于两个层面，在选择演讲材料的时候，演讲者要考虑到听众中80%以上的学历集中在哪个层面，要向大多数人靠拢。同时，正如俗语所说，"读万卷书，不如行万里路；行万里路，不如阅人无数"，经历对于一个人来说是非常重要的，因此我们在选择演讲材料的时候，要充分考虑到听众的经历，在设计演讲案例的时候，要结合对方的经历分析和讲解，以引起共鸣。

3. 年龄

在选择演讲材料的时候，演讲者要充分考虑到听众的年龄。一般而言，年龄越大的听众对演讲材料的新颖程度的要求越低，因为，这类听众往往不能及时地了解当下流行的一些网络用语、网上奇事等，所以他们更愿意听到用常见的材料表现出新颖的观点；年纪较轻的听众则更喜爱新奇的材料，新奇的材料更能引起他们的兴趣。

4. 地域

不同地域的人，具有不同的地域性格特质，例如深圳是一个移民城市，这个地域的听众思维和行为相对比较开放，在这里演讲会得到较高程度的配合，但这里商业盛行，当地市民讲究务实，他们需要的往往是鲜活的实例和解决问题的具体方法；北京市民则由于身处文化中心，因而整体文化层次偏高，他们希望听到具有一定深度的观点。可见不同地域的人对于演讲内容、观点和材料的需求是有区别的，演讲者应该因地制宜地选材。

5. 性别

性别也是一个必须考虑的因素。总体来说，男性比女性更沉稳乐思，女性比男性更细腻时尚。所以，当听众多为男性时，我们不妨从政治、历史、体育等男性感兴趣的方面选择材料；而听众多为女性时，我们可以选择一些具有较强烈感情色彩的素材或时尚气息较为浓郁的材料。

（三）结合情境选材

1. 时间

演讲者必须在特定的时间内对所选材料加以充分阐述。从心理学的角度讲，人的大脑在短时间内不可能同时接收许多新问题，因而演讲者不能在短时间内提出许多问题，去做"跑马式"的演讲。例如，有一个初学演讲者，他的演讲时间限定为三分钟，可是他开头就对听众说他要讲六个要点，这样每个要点只能占半分钟，而要在半分钟内讲清一个要点，难度很大，效果有限。结果，每个要点都只能蜻蜓点水，演讲效果不佳。这就如同一个导游带领游客用一天时间就游览了整个北京，这种"跑马式"的参观，既印象模糊，又毫无乐趣，远不如一天只游览一两个景点，会让游客留下深刻的印象。

适合规定的时间，并不意味着时间长只能讲反映大论题的材料，时间短只能讲反映小论题的材料，而是要根据时间长短来做出恰当的安排。例如：时间短，演讲者可选择包含在大论题中的精彩小问题来谈，让听众"窥一斑而知全豹"；时间长，演讲者可将几个有价值的小问题或材料串在一起进行阐述，这就要求演讲者对材料进行精心的整理和提炼。

2. 场合

演讲是演讲者在特定的环境中面对公众发表讲话的活动，因此演讲实质上是演讲者的主观因素与演讲环境的客观因素相结合的产物。一场优秀的演讲是演讲者能动地适应演讲环境的结果。演说家首先要充分考虑到演讲的场合以及听众的理解力和一般性格，否则他的语调就会由于时间、地点和听众都不适应而不能达到所向往的实践效果。所以，任何演讲和论题都要适合演讲的具体场合，使演讲与会场气氛协调一致。

模块二　演讲稿件

单元三　演讲稿的结构

在写作演讲稿之前，应进行整体构思。演讲稿的框架构思可以分为很多种，在这里介绍常见的五种：串联式、并联式、"WWH"式、三句话式和关键词式。

一、精心布局

（一）串联式

基于物理学的基本电路原理，串联电路的特点就是在正常情况下，处于串联状态的电器，如果一个失效，其余的都会失效，它们之间是一个接一个的。如果演讲稿采用串联式框架，其信息之间的关系表现为先后、递进、因果，一般不能调换顺序。

大家好！

我叫刘××，1995年4月出生于益阳，2019年6月从一师保送到师大数计学院计算机系，2022年6月本科毕业留校工作至今，曾在数计学院当过辅导员，在招生与就业指导处工作过，现在是党委组织部正科级组织员。（刘××《竞聘演讲》）该演讲中的三个时间点：1995年4月、2019年6月、2022年6月构成串联式结构。

（二）并联式

与串联式的物理学原理对应，并联式是异曲同工的，其特点就是处于并行状态的电器，如果其中一个出现问题，并不会直接影响到其他电器。在演讲稿构思中，如果从不同角度分析一个问题的时候，就可以用并联式结构来进行。

这个产品有三个特点。第一，物美：它造型别致，设计精巧；第二，价廉：在同类型产品中，它功能齐全却定价不高；第三，实用：它便于随身携带，随时使用。

上述写作框架以一个产品的"物美、价廉、实用"为并联式结构，三个点之间是并列关系，交换位置不会影响语意的表达。

在演讲稿的具体构思中，还可以生成很多并联式结构。比如看待一个文化现象可以用历史的角度、现实的角度、法律的角度等作为并联式结构；进行精细化管理的宣讲推行时，可以引入精、准、细、实、严的并联式结构；全面看待一个事物，可以从"宏观、中观、微观"这三个层面来进行并联式结构安排。

（三）"WWH"式

所谓"WWH"是指英文中三个单词的第一个字母：第一个"W"即What，是什么，发现问题；第二个"W"即Why，为什么，分析问题；第三个"H"即How，怎么样，解决问题。这三个步骤构成一段即兴演讲的框架。

某校发生了学生与食堂工作人员冲突的事件，新闻发布会上，校方对该事件进行说明：首先，介绍事件的发生过程。其次，分析这次事件的发生原因。最后，提出对该事件的处理方案。

（四）三句话式

三句话式一般应用在礼节性演讲当中。此处提出"三句话"，其实未必仅仅是三个句子，也可以是三层意思，即提出三个观点，然后结合每一个观点进行适当的阐释。三句话式的构思适合许多礼节性的演讲场合，故被广泛采用。

常见的礼节性表达有如下几种：

·欢迎类。表示欢迎、恭迎、喜迎等。欢迎类一般由礼仪性活动的主办方来表达，且作为表达的第一层意思能显示热情和真诚。作为客方则需谨慎表达，以免有喧宾夺主之嫌。

让我们向莅临现场的各位领导和来宾表示热烈的欢迎！

·感谢类。表示感谢、感激、感恩、鸣谢等，任何角色均能表达此意。

让我们以热烈的掌声对各级领导和广大老师的关心、支持表示衷心的感谢！

·祝贺类。表示祝贺、恭贺、贺喜、恭喜等。一般用于带有喜庆气氛的礼仪性场合，如开业庆典、表彰大会、竞赛活动等。

让我们对本次活动的顺利举行表示热烈的祝贺！

·祝愿类。表示祝愿、共祝、预祝等，多数用于演讲稿的结尾部分。

最后，预祝本次活动圆满成功！

·要求类。表示要求、希望、建议等，多数用于演讲稿的中后部分。

在此，我还提几点希望：第一，希望大家认真细致，尽可能杜绝错误；第二，希望大家团结协作，提高工作效率。

在上述五种表述中合理选择其中三种进行组合，比如欢迎类+感谢类+祝愿类，或是祝贺类+感谢类+要求类，或是感谢类+祝贺类+祝愿类等，就可以构成演讲稿的三句话式结构。

此时此刻，我同你们一样，心中涌起太多的感动、太多的留恋。今天，学校为大家举行隆重的毕业典礼，在这个庄严的仪式上，所有的掌声和祝福都属于你们！

我要代表学校对圆满完成学业的5 885名本科毕业生、2 552名硕士毕业生、161名博士毕业生表示热烈的祝贺！向多年来为同学们成长成才付出辛勤劳动的教职员工表示衷心的感谢！向关注学校发展、关爱同学们成长的各位家长和社会各界人士致以崇高的敬意！（鲁××《毕业

典礼暨学位授予仪式上的发言》）

（五）关键词式

关键词式结构要求演讲者在演讲稿的构思中用一个关键词或关键句来衔接全文。关键词式的整体构思要求在演讲中对关键词反复强化，使关键词在受众头脑中形成深刻的印象。关键词既可以是全文的标题，也可以是全文的核心观点。简短的演讲一般用一个关键词或关键句进行衔接，篇幅较长的演讲，也可选取一组或几组关键词或关键句。

"不亦说乎"的灵感来自两年前孩子学论语的片段，当时他读第一句"子曰：学而时习之，不亦说乎"，竟读成了说话的说。童言无忌，但听者竟有意，我立马将自己所有课件的大标题改成《不亦"说"乎》，因为对演讲与口才的自我要求已趋向于此四字——演讲不就是要说话吗？不就是要说得愉悦、快乐吗？于是我把自己定位为一个忠实的演讲与口才"学而时习"者，简称"学习者"。这些年，在机关、在院校、在厂矿、在社区，我不亦悦乎地扮演着演讲与口才方向师者的角色，数字可以说明一切，各类讲座近1 500场（其中法制类近1 000场，其余为演讲类），主持300余场，精细辅导竞技选手200余人，评审100余场，其中半数担任点评。期间遇到了一些人，既有鹤发童颜式的离退休前辈，也有蹦蹦跳跳式的幼儿娃娃；既有如日中天式的政商界要人，也有风华正茂式的帅哥美女。期间看到了一些事，看到一个个竞技的选手披金挂银，看到一个个面试的考生心想事成，看到一个个培训的学员魅力彰显。于己的视野，从若有所思到茅塞顿开，从踽踽独行到拨云见日，"回首"的感叹不亦悦乎。

今日下午放学，孩子兴奋地告知已将教师节的祝福向老师表达，一脸的阳光。我把他的名字取为蒋演（讲演的谐音），期盼之意显然。蒋演是小学一年级的新生，看到他在开学典礼上代表全校学生作绿色环保领誓，表现出超越同龄人的文字驾驭能力，更看到他身心的健康成长，我不亦悦乎。也许，刚入中年的我，演讲之路就像六岁的孩子一样才刚刚开启，我期待自身更为广阔的"不亦悦乎"时空，也祝福演讲与口才学会这个大家庭在阳光之路上常青、常新。

没错，我视野中的演讲与口才，不亦说乎，不亦悦乎。（蒋维《不亦"说"乎》）

以上介绍的关于演讲稿的五种构思模式是可以综合运用的，巧妙的整合安排能衍变出更多各具特色的新颖构思。有了整体构思的框架，就好比建筑有了基脚，至少在演讲稿的行文中能保持文章的相对完整性，但要实现"完美"，还需要对演讲稿进行"装修"，即对演讲稿的各个部分进行精心的设计、安排，对语句进行精细的推敲、锤炼。

二、精细谋篇

演讲稿由标题、开头、主体、结尾四个部分组成，其结构原则与一般文章的结构原则大体一致。但是，由于演讲是一种具有时间和空间特性的活动，因而演讲稿在具体行文过程中还具有其自身的特点。演讲稿要精心设计标题、开头、主体和结尾。

（一）标题——鹰眼

"秧好一半谷，题好一半文"，演讲的标题是受众对演讲的第一感受，是演讲内容的提炼、概括和升华。演讲的标题应如鹰的眼睛，目光如炬，炯炯有神，站得高，看得远，抓得准。拟演讲稿标题，要注意以下几个方面：

1. 简约

演讲标题不能太烦琐，要具有概括性，能把演讲的主题、内容、目的全面地反映出来，也就是说，一讲出来就让人明白内容和主题。设计演讲标题时，可以将集中表达演讲者思想的、使听众一听就知道演讲中心问题的关键词语提出来，这样的演讲标题往往简洁有力。

2. 准确

演讲标题在追求简约的同时，必须做到准确，否则，这个简约就变得没有任何意义。要使演讲标题一讲出来，听众就能够明白演讲的主题，知道要讲的是哪个方面的问题，是否贴近听众的需要。如李开复《从优秀到卓越》的演讲标题，让听众很容易准确辨识出接下来的演讲内容，从而辨别是否符合自身需要。

3. 新颖

当今时代是一个信息时代，以新颖的标题去吸引听众的注意力格外重要，如果得不到关注，就不可能得到传播。如易中天在北大的演讲《中国梦：梦与梦魇》，一反时下美好中国梦的基调，将梦与梦魇相提并论，吸引眼球。

（二）开头——凤头

演讲稿的开头是在演讲者与听众之间架起的第一座桥梁，更是让演讲第一时间吸引听众的关键，应如"凤头"，用语要精巧、别致、美观，犹如凤首引吭高歌，独具魅力。下面，介绍几种常用的开头方法：

1. 开宗明义

开宗明义就是开门见山，这是中国传统的作文开头法，也是演讲稿常用的开头方式。这种开头具有干脆利落、中心突出、观点鲜明的特点，符合听众的接受心理，要求用精练的语言说清楚演讲的意图或主题。

开门见山式的开场白，言简意赅，直切主题，没有太多的枝蔓，让观众一听就明白演讲的主题。一般来说，学术型演讲、政治型演讲、新闻发布会演讲、面试演讲等比较严谨、庄重、正式的场合，多采用这种开场白。对于没有太多演讲经验和技巧的演讲初学者来说，使用开门见山式的开场白可以确保演讲顺利开始，避免失误。

2. 引经据典

一是锦言妙语导人。名人名言、格言、警句、歌词、谚语、诗词等往往语言优美，极富哲理，启迪性强，具有引人注目的力量。恰当地引用名言警句是写好演讲稿精彩开头的好方法。

今年是纪念长征胜利70周年，朋友们，我想问一个问题：什么是"长征精神"？"长征精神"是面对强敌，敢于"亮剑"；"长征精神"是绝地反击，转危为安；"长征精神"是草地上篝火旁小战士那段悠扬的笛声；"长征精神"是饿死的女红军省下的那块最后的干粮；"长征精神"是大渡河边一天行军二百四十余里的那双草鞋；"长征精神"是夹金山上抵御暴风雪的那把破伞；"长征精神"是"四渡赤水出奇兵""不到长城非好汉"；"长征精神"是"金沙水拍云崖暖，大渡桥横铁索寒。更喜岷山千里雪，三军过后尽开颜"！（陈柱文《艰苦朴素的美德》）

演讲者融情景于一体，与长征有关的著名词句、历史场景、具有象征意义的物象均信手拈来，比喻、借代、排比等修辞手法运用精妙，引经据典的开头气势非凡。

二是故事、实例导入。故事能激发听众的好奇心，启迪听众思维，调动听众的想象力。以故事或实例开头就是指演讲者开篇就用形象的语言，绘声绘色地讲述一个内容生动、情节动人的精短故事或实例。

我的演讲，要从一个发生在山村小学的故事开始。那年夏天，窗外下着大雨，教室里，孩子们读书读得正起劲，突然一声巨响，屋后的老树被闪电击中，笔直地压在教室的屋顶上。瓦片杂乱地落下来，斑驳的墙壁眼看就要倾倒。在这危急关头，校长毫不犹豫地冲到学生中，用自己的身体，护着那些学生安全地离开教室。当他拽住最后一个学生的手，准备往外冲时，屋顶的梁木砸了下来。他使劲把学生往门口一推，学生被安全地送出教室，而他自己，醒来的时候已经躺在医院的病床上。也许大家对这样的故事有些似曾相识，但这似乎只在电影里出现的镜头，就发生在我的身上。那个最后被推出教室门口的孩子，就是我！（赵常浩《用生命扛起师德的旗》）。

演讲开篇所讲述的故事，扣人心弦，瞬间即能抓住听众，这种开头生动巧妙而又意义深远。

3. 出奇制胜

在演讲中，为了能够第一时间吸引听众的注意力，往往可以突破千篇一律的老套路，根据情况出奇制胜。

有一次，陶行知先生在武汉大学演讲。他走上讲台，不慌不忙地从箱子里拿出一只大公鸡。台下的听众全都愣住了。陶先生从容不迫地又掏出一把米放在桌上，然后按住公鸡的头，强迫它吃米，可是大公鸡只叫不吃。他又掰开鸡的嘴，把米往鸡嘴里塞。大公鸡拼命挣扎，还是不肯吃。最后陶先生轻轻地松开手，把鸡放在桌上，自己向后退了几步，大公鸡就开始啄食了。这时陶先生开始演讲：

"我认为，教育就跟喂鸡一样。先生强迫学生去学习，把知识硬灌给他，他是不情愿学的。即使学也食而不化，过不了多久，他还是会把知识还给先生的。但是如果让他自由地学习，充分发挥他的主观能动性，那效果一定会好得多！"

台下一时间欢声雷动，为陶先生奇特而形象的演讲开场白叫好。

4. 即景生情

一上台就开始正正经经地演讲，会给人生硬突兀的感觉。演讲者不妨以眼前人、事、景为话题，引申开去，把听众不知不觉地带入演讲之中。

"秋风万里芙蓉国，枝头硕果胜春光"，很高兴在这被五代诗人谭用之誉为"芙蓉国"的胜地，在这硕果累累的金秋，和大家共同展望充满希望的明春！（许锐《播种与收获》）

作者开头寥寥数语即把天时、地利、人和尽收心底，并巧妙点题，真可谓匠心独运，妙笔生辉。

即景生情不是故意绕圈子，不能离题万里、漫无边际地东拉西扯，否则会冲淡主题，也使听众感到倦怠和不耐烦。演讲者必须心中有数，还应注意点染的内容必须与主题互相辉映，浑然一体。

5. 巧设悬念

以悬念开头是使演讲具有艺术吸引力的有效方法。对于一些超出自己想象之外的问题、事件，听众都有比较强烈的探求欲望，强烈的探求欲望会增强人对外界信息的敏感性，极易激活思维，进而产生一种欲罢不能的情绪冲动。因此，开头设置悬念，把一些罕见、奇特、令人震惊的事件提出来可以获得意想不到的效果。著名演讲家颜永平给大学生们上演讲课，有一次在大晚上跟大家说早上好，有的学生就发笑，心想老师是不是在倒时差啊。可是老师身经百战，怎么会犯这种低级错误呢？于是悬念产生，学生们都竖起耳朵，想看看老师如何收场。在停顿一会儿后，颜老师说道：

"青年就像是早上八九点的太阳，祝大家立志成才，早点走上理想之路，好不好？感恩父母，早点走上幸福之路，好不好？为中华之崛起而读书，早点走上成功之路！好不好？"

颜老师设置演讲悬念，使演讲一波三折，跌宕起伏，而妙语连珠的解释又把现场气氛调动了起来，不仅控制了演讲的节奏，还拉近了与学生的距离，直接触及学生的内心。

6. 幽默搭桥

幽默是人类智慧火花的闪现。诙谐幽默的开头往往亦庄亦谐，轻松自然，活泼灵动，既语带双关，又不失机智。这种开头不仅能较好地彰显出演讲者的智慧和才华，增强语言的美感，而且能使听众在轻松愉快的气氛中不知不觉地进入角色，接受演讲内容。

想必大家都听说过这样一句话：在每个人的故事里都有一个胖子。没错，在大家的故事里，我一直都在扮演一个胖子的角色。所以，减肥这个词语对于我来说并不陌生。它是我小时候的梦想，是我现在迫切渴望的，因为朋友们对我说：肖登啊，如果你再不努力，就永远找不到女朋友了。听到这句话我就慌了，于是我就更努力地减肥。可是大家看我这体型就知道了，我还不够成功。但是请您相信，每个胖子都是一个巨大的潜力股，虽然现在我才瘦了五斤，但是以后我一定会瘦十斤、二十斤，最终成为英俊潇洒、玉树临风的我。我相信，坚持梦想，会有一个好结果。（肖登《觉醒》）

作者以自我解嘲的方式开头，轻松幽默，自然得体，活跃了现场气氛，更赢得了观众的好感。

（三）正文——猪肚

演讲稿的正文是整篇演讲稿的主体，应如"猪肚"般饱满、充实，既能紧承开头、主旨鲜明，又能逻辑严密、重点突出、内容丰富，逐层展开论述。写作演讲稿正文既要充满激情，又要富于理性，做到即事寓情，以情动人，缘事析理，以理服人。

1. 以情动人

情是艺术之魂。艺术的感染力就在于真挚热烈的情感。在优秀的演讲稿中，真挚的情感所产生的渗透力是惊人的。它是一种内在的、征服人心的力量。用情不深，就不可能产生打动人心的效果。

演讲稿中的情感问题，其实也是一个态度问题、立场问题。这就要看演讲者对听众是否抱着平等而又诚恳的态度，对事物是否具有旗帜鲜明的立场。要做到言之有情，就要求演讲稿有真挚的情感，演讲者要有诚恳的态度和明确的立场，对真善美要尽情地宣传和讴歌，对假恶丑要坚决地否定和鞭挞，对光明的事物爱之能深，对黑暗的东西恨之能透。只有真实地表达喜怒哀乐，听众才会在倾听演讲时受到感染，与演讲者达成感情上的共鸣。这样，"春风化雨，润物无声"的效果就达到了。

情感要融入字里行间，让人感到真切自然，就要融情于物，即事寓情。这里所指之物，是广义的物，人物、事物、景物、器物等。演讲稿的写作应该情物交融、情景交融、情事交融，也就是把抽象的感情寓含在具体的叙述、描写之中，让感情自然而然地流露出来，使听众不知不觉地受到感染和教育。与此同时，在写人、写事、写景时要特别注意对细节的描写，情感细腻才更动人。

我发起了"衣加衣"的捐衣活动，收集了很多衣物，其中一部分就送往了家乡；我发动了回收矿泉水瓶和饮料瓶的活动，两万多个瓶子换得了近千元的善款；我组织了"芯连芯"的笔芯回收活动，回收了六千多支笔芯，兑回一千多支新笔芯。这让孩子们多么兴奋啊！令人振奋的是，身边越来越多的同学都参与进来，一点一滴地帮助我实现这个梦想……我们因为热爱，有了这样美好的梦想，因为行动，收获了深深的幸福和感动！（莫依天《因为热

爱，所以梦想》）

作者寓情于事，尽管叙述抒情的文字比较平直、沉稳，不见浪花的飞溅，不见火星的迸射，没有华美的辞藻，但听众一定会感受到作者的真情实意，于字里行间领略到感人肺腑的深情和温情。

以情动人的演讲稿中的"情"，一般有以下几个特点：

第一，真挚。要激发听众的情感，演讲者在写作演讲稿时就要有真情实感的投入，正如表演艺术家李默然所说："不动情，听众当然不会引起共鸣，只要你真正地动情了，观众保证被你打动，不管是多大的声音，哪怕是轻的，观众也会被你震撼住的。"演讲的感召力来自心灵之间的情感共鸣。

第二，充沛。演讲稿的情感不仅要有深度，而且要有广度，即情感丰富多彩且富于变化。根据演讲内容的需要，可以准确表达喜悦、愤怒、悲哀等各种情感。抒发情感时，要运用自如，控制适当，恰到好处：可如滔滔江河奔腾而下，可如涓涓溪水平缓直流，也可忽而暴风骤雨，忽而春风细雨。丰富生动的情感，能够编织出五光十色的生活画面，谱写出最动人心弦的交响乐章。

第三，凝练。情感运动同一切事物的发展变化一样，有它的规律。演讲稿要合理设计情感的爆发点，也就是我们常说的演讲小高潮。小高潮设计的次数一般根据现场和演讲表达的需要，但不宜过多。一般来说，8分钟以内的演讲，小高潮不宜超过三次。演讲稿高潮处可将苦与悲、爱与恨、紧与松、强与弱等对立的情感凝练地组合在一起，使其产生特殊的张力效果，具有强大的震撼力。

2.以理服人

演讲的目的是通过摆事实、讲道理，在动情的同时以理说服听众，感染听众，让人信服，让人付诸行动。要达到这个目的，就应言之有理，言之有据，言之有序。为此，要做好以下几点：

第一，缘事析理。事实胜于雄辩，演讲者要想使听众产生共鸣，必须保证演讲的内容精彩丰富，材料翔实有力，要借助事实来支撑所持的观点，结合具体的实例来阐述道理，做到用事实吸引听众，用真理说服和感召听众。

第二，鞭辟入里。演讲稿的主题是整篇演讲的中心思想，是灵魂和核心。因此，演讲稿在阐述道理时，应该在保证所持观点正确的基础上，紧扣主题逐层展开，最终深刻揭示出来。

为提高身体素质，我们每周日都会进行训练。上个月14号我因脚伤没有去训练场。中午，同学们回到寝室对我说："今天，我们去跑岳麓山了，好难跑！但大家都坚持跑下来了！"看着他们满头大汗却洋溢着自信的笑容，我感受到了一种执着的信念……轻伤不下火线，我不能掉队！上周六晚，战友们陪着我踏上了攀登岳麓山的征程。因脚伤没有痊愈，向山顶奔跑让我感到很吃力，但是，只要想想父母和老师欣慰的笑脸，想想战友们关爱的眼神，想想强身健体、忠诚报国的信念，我就拥有了奋勇向前的无尽力量。我紧咬牙关，擦去汗水，只用了二十多分钟便奋力跑上了山顶。绚丽的烟花掩映着灵秀的麓山，为我和战友们奏响了胜利的凯歌！

一场训练，一次攀登，相对于信念本身，是微不足道的，但是这种强健体魄、保家卫国的志向，不抛弃、不放弃的团队精神，流血流汗不流泪、掉皮掉肉不掉队的信念是无比强大的。

信念，砥砺品行，锤炼忠诚，成就梦想！（朱毅豪《信念》）

作者选取了一次日常训练的经历，用亲身经历引发宏大主题，故事有情节，有动感画面，有个性特征，显得真实、贴切，字里行间既洋溢着当代大学生的朝气与活力，又抒发了一名有志青年的责任与担当。作者缘事析理，在有限的篇幅里张弛有度，收放自如，时而汪洋恣肆，激情铺陈，时而低吟浅唱，结合平凡的经历来论证观点，具有说服力和感染力。

演讲稿的正文要观点鲜明，逻辑清晰，内容充实，贴近生活，富有时代感，这就需要进行精密构思并巧妙运用写作技巧。下面，介绍六种在演讲稿写作中常用的写作技法。

（1）由点及面。

由点及面是指由对"这一个"内容的叙述推广到"这一类"或"这一群"内容的写作方式。

作为组织部长的徐书华老师兢兢业业当好为学校党委选才用才的参谋和助手。她既敢于坚持原则，又满腔热忱地关心同志。哪位干部有思想情绪，她都耐心细致地做工作；哪家有困难，她都倾心尽力地帮助。同事们亲切地称她"徐阿姨"……学校后勤集团有职工近千名，下属的17个党支部分布在5个校区，人多面广，思想复杂，其组织工作的难度可想而知。身为集团组织人事秘书的颜希毅老师总是满面春风地出现在为职工排忧解难的第一线……朱翔教授是资环学院博士生导师，在他的言传身教下，一批又一批的青年教职工和学生全面发展，光荣地加入了党组织。就是这位慈祥的师长，曾被查出患有恶性淋巴癌，他却依然忘我工作。当医生惊讶地确认他已经度过危险期后，朱翔教授笑着说："我早就知道死不了，因为我没有时间去想会不会死。"没有时间去想自己会不会死，因为朱翔教授的心里装的想的都是青年学生，全是党的事业……在人才密集的高等学府，这样优秀的组工干部还有很多很多，尽管他们没有令人羡慕的地位和收入，没有炙手可热的权力，甚至没有优越的发展前景，但是他们对组织工作却有一腔火一般的热情，一份沉甸甸的责任，一种无怨无悔的情怀！（谭琛《丰碑》）

演讲者以几位高校组工干部的爱岗敬业、忠诚奉献的实例为"点"，铺排推进，概括出高校组工干部这个群体的崇高情怀，情理交融，感人肺腑。

（2）由表及里。

由表及里就是抓住一个问题，由浅入深，环环相扣，层层深入地进行分析，透过最初的事例表面讲出要表达的观点意蕴，使正文思路清晰，步步推进。

为了今天的演讲，为了"为青春领跑"这个标题，我特意剪了个齐留海，因为这样显得年轻、充满活力，因为这样好为青春领跑！对，作为一名老师，就应该做学生思想的导航者、精神的风向标、青春的领跑人！

　　当然，能有今天这个认识，是有个过程的。从走上工作岗位的第一天开始，我就在想，什么样的老师是好老师？实践给出了这样的答案：那就是以师德为标杆，以知识和才情为两翼，为学生青春领跑的人，才是好老师。我愿意做这样的人，我愿意为孩子们的青春领跑。

　　要为青春领跑，首先就得成为学生思想的导航者。……

　　为青春领跑，还要做学生精神的风向标。……

　　为青春领跑，更要教学生辨别青春的颜色，走出青春的迷途。……（刘黎《为青春领跑》）

　　演讲者以青春活力的"齐留海"形象自然切入"为青春领跑"的话题，巧妙提出论点，即作为老师就应该做青春领跑的人，进而逐层揭示"为青春领跑"的深义：什么样的老师是为青春领跑的好老师？如何为青春领跑？演讲者由表及里的阐述生动形象，逻辑清晰，鞭辟入里。

　　（3）由境及情。

　　这里的境是演讲者情感的依附物，可以是景，也可以是人、物、事等。"一切景语皆情语"，要对"境"具体、细致、生动、形象地描写刻画，把感情浸入其中，达到由境及情。这样，演讲稿创设的"境"才充盈、丰厚，演讲者溢出的"情"才自然清新、流畅真挚。

　　和在座的许多朋友一样，我骄傲我是湖南人。因为"无湘不成军"，十大元帅，湖南人彭德怀、贺龙、罗荣桓名列其中；十大名将，粟裕、黄克诚等六人出自湘军。我骄傲，我是师大人。建校80载，学子30万，励精图治，德业日新，桃李满天下。我骄傲，我是武警国防生。从师大之星到全国挑战杯特等奖，从全军二等功臣到华南高校集训七项团体第一，处处都有师大武警国防生英雄的身影！

　　是什么铸就了"无湘不成军"的神话？是什么让师大英才辈出？是什么让武警国防生群英荟萃？是舍我其谁的"担当"！这"担当"，是仁爱精勤的师大文化，是引以为豪的湖南精神，是忠诚报国的崇高理想！（曾梦《我们在一起》）

　　演讲者将与现场听众息息相关的人、事、物自然地融入自己的讲述，瞬间拉近了与听众的距离，由境及情，层层推进，满腔豪情，意气风发，极具感召力。

　　（4）由远及近。

　　由远及近是指先写远的人物、景物或事物，后写近处的人物、景物或事物，或者让人物、景物、事物先处于远景的位置，然后推动镜头，使其逐渐拉近，逐渐清晰，让演讲稿层次清楚，符合听众的认知规律。

　　我要讲五个年份，第一要讲的年份是1968年。那一年我出生了。1978年，10年之后，我10岁了。我依然生活在我出生的地方，那个只有20万人的非常非常小的城市。它离北京的距离有

2 000千米，要想了解北京出的报纸的话，要在三天之后才能看见。所以，对于我们来说，是不存在新闻这个说法的。……

接下来，我要讲述的是：2008这一年，这一年我40岁……这一年，也是中国梦非常明显的一年。它就像全世界所有的伟大梦想，注定都要遭受很多的挫折才能显现出来一样。无论是期待了很久的北京奥运会，还是神舟七号中国人第一次在太空行走，那都是很多年前，我们期待了很久的梦想。（白岩松《我的故事以及背后的中国梦》）

白岩松在演讲中由远及近地讲述了不同的年月自己的亲身经历、思想变化以及国内外环境的变化，层次明晰地向听众展现了他的演讲主题。

五十多年前，一名叫雷锋的解放军，以一种钉子精神，将自己有限的生命投入到集体中，大公无私、全心全意地为人民服务；四十多年前，一位叫袁隆平的农业科技员，心忧天下，经过十多年的艰辛努力，终于成功研制出杂交水稻，国人乃至世界广受其益；几年前，一名叫洪战辉的大学生，以自立自强的形象出现在大家眼前，用他稚嫩的双肩坚强地挑起了家庭的重担。（王兆海《感动》）

作者落笔的年代由远及近，表达的思想逐渐统一，巧妙点题，层次分明。

（5）由抑及扬。

"文似看山不喜平"，演讲稿如果平铺直叙，那就好像在一马平川上看风景，过于平淡。叙述必须曲折回旋，波澜起伏，才会扣人心弦，引人入胜。同样，演讲稿可以先抑后扬，"抑"为"扬"蓄势，最后由抑及扬，令听众印象深刻。

在今年的抗洪救灾中，一支由武警战士组成的救援队面对被洪水淹没的十多米宽的街道，在街道对面，一位中年妇女抱着婴儿在危房里焦急地等待救援。10米，这短短10米，对于受难者意味着生命的渴望，对于救援者意味着危险的抉择。上，还是不上？一个声音给出了斩钉截铁的答案：我是党员，我先上！于是，他们毅然跳入滚滚洪水中，手拉着手，用身体连接成了一条生命的通道……是什么让他们在生死关头，能够争先叫响"我是党员，我先上"？是他们不懂得珍惜生命？是他们不愿眷恋家的温暖？还是有一种比生命更重要的力量，铸就了这感人至深的铁血忠魂？那是因为他们肩负着的，是中国武警、中国共产党党员神圣的使命！从内地到边防，从火场到战场，从汶川地震到湖南冰灾，哪里有党的召唤，哪里有人民需要，哪里就有武警官兵英勇的身影！（谭日峰《生命的意义》）

作者逆水推舟，以退为进，先设立一个与结论相反的前提，极力地"抑"，再用否定性结论，为观点的"扬"蓄势，最后才水到渠成地"扬"起来，这样由抑及扬的反衬，把演讲推向了高潮，使主题得到了升华，气势磅礴，极具震撼力。

（6）由此及彼。

事物是辩证的，问题总有多面性，但由于受认识上的局限性或事物发展过程中的规律性的影响，我们在表达某一观点时往往只知其一，不知其二。当然，坚持和强调"这一方面"是应该的，因为它也是公认的正确的观点，但如果我们顾此而失彼，就会妨碍认识的深入，因为随着事物的发展，坚持和强调"另一方面"的意义也非常重要。如果演讲稿能由此及彼，即在不否认现有观点的前提下，敏锐地发现问题的"另一方面"，并适当加以强调，就能使演讲观点深刻而新颖。

（四）结尾——豹尾

俗话说："编筐编篓，重在收口。"一篇好文章，除了有引人入胜的开头，还应该有耐人寻味的结尾。演讲稿的结尾应如"豹尾"，结尾时笔法简洁明快、干净利落，犹如豹尾劲扫，响亮有力，给读者以咀嚼回味的余地。下面，介绍六种常用的结尾方式：

1. 总结归纳

在结尾时总结全文，进一步强调演讲者所要表达的观念或精神，会使听众对演讲主题的印象更加深刻。

我所希望的，"少年中国"的"少年运动"，是物心两面改造的运动，是灵肉一致改造的运动，是打破知识阶级的运动，是加入劳工团体的运动，是以村落为基础建立小组织的运动，是以世界为家庭扩充大联合的运动。少年中国的少年呵！少年中国的运动，就是世界改造的运动，少年中国的少年，都应该是我们世界的少年。（李大钊《"少年中国"的"少年运动"》）

文稿在结尾部分，总结提炼了"少年中国"与"少年运动"二者的关系，高度概述了二者的内在联系，强化了演讲的核心内容。

2. 首尾呼应

前有伏笔，后有照应，可以使内容更为完整，结构更为紧密。

（开头）当生活终于把我送出大学校门、推进社会大潮的时候，我把所有对教师职业的热情与憧憬装进简单的行囊，迫不及待地奔向现在的工作单位。那时，我的背包是梦幻般的玫瑰色。

（结尾）透过蒙着泪光的视线，我看见怀里的背包，似乎又变成了以前那种梦幻般的玫瑰色。打开车窗，在初秋的风中，我幸福地笑了。（郑胥《原来，我可以幸福》）

演讲稿中背包"梦幻般的玫瑰色"含义深刻，巧妙用于开头和结尾，不仅加强了首尾的联系，而且强化了演讲的核心内容，升华了演讲的主题。

3. 誓愿展望

在结尾时，演讲者通过自身在演讲过程中对听众情绪的把握，激情阐释对未来的美好憧憬，调动现场气氛，更能吸引观众的注意力并引起共鸣。

这是希望的守候,到西部去,到边疆去,到祖国最需要的地方去,为每一双渴望的眼睛带去知识的火种!

这是责任的坚守,用一年不长的时间,做一件终生难忘的事情,让志愿者的足迹遍撒神州,雷锋的精神温暖大地!(陈帝池《见过雷锋》)

这是一篇演讲词的结尾部分,充分表达了践行雷锋精神,让志愿者的奉献精神温暖神州的美好愿景,语意坚定,字字铿锵,鼓舞人心。

4. 旁征博引

演讲者在演讲最后引经据典,以名言典故结尾,不仅能使演讲稿文采斐然,而且更具说服力。

近代以来为了国家、为了民族的富强之梦,多少仁人志士苦苦追寻,孜孜探索。从林则徐的"睁开眼睛看世界",到曾国藩的"洋务运动",从"戊戌变法"到"辛亥革命",我中国青年抛头颅洒热血,虽然历经一次又一次的失败,但强国复兴之梦从未泯灭。

到了今天,"中国梦"更是成为华夏儿女凝心聚力的共同梦想,有志有为的中国青年走在追梦队伍的前列。(卢霞依《我的中国梦》)

演讲者借助林则徐、曾国藩等历史人物和戊戌变法、辛亥革命等重大事件,有力证明了自己的观点:强国复兴之梦从未泯灭!有理有据,充满蓬勃朝气和浩然正气,极具感召力。

5. 诙谐幽默

结尾采用幽默诙谐的手法,不仅能活跃气氛,还能令听众回味无穷。

我国著名作家老舍在某次演讲时,开头即说:"我今天给大家谈六个问题。"接着,老舍第一、第二、第三、第四、第五,井井有条地谈下去,谈完第五个问题,他发现快到散会的时间了,于是他提高嗓门,一本正经地说:"第六,散会。"听众开始一愣,立刻就欢快地鼓起掌来。

老舍在这里运用的就是一种"平地起波澜"的演讲艺术,打破了正常的演讲程序,从而出乎听众的意料,收到了幽默的效果,令听者印象深刻。

6. 发人深省

从总体上看,演讲无论是宣传自己的主张、观点,还是传播道德伦理情操、传授科学文化知识,都是为了让听众取得共识,产生共鸣,激起行动。因此,在演讲的结尾若能以启迪智慧的方式发人深省,定能收到余音绕梁的效果。

一个国家是由一个个具体的人构成的,它由这些人创造并且决定。只有当一个国家拥有了那些能够寻求真理的人,能够独立思考的人,能够记录真实的人,能够不计利害为这片土地付出的人,能够去捍卫自己宪法权利的人,能够知道世界并不完美但仍不言乏力、不言放弃的人；只有当一个国家拥有了这样的头脑和灵魂，我们才能说我们为祖国骄傲，只有当一个国家能够尊重这样的头脑和灵魂，我们才能说我们有信心让明天更好。（柴静《认识的人，了解的事》）

演讲者的表达干净利落，字字珠玑，闪烁着智慧的火花，发人深省，极具魅力。

单元四　演讲稿的语言

在演讲稿的主题、材料、结构、语言四个构成要素中，语言是其他要素的载体和表现工具。演讲稿在语言应用上除了讲究口语化、通俗化、情感化，还应切合语境、追求层次、讲究文采，这样才能真正做到让演讲内容"入耳""入脑""入心"。在写作演讲稿时，我们可以从语言之"境"，语言之"技"、语言之"美"等方面来综合考虑。

一、语言之"境"

演讲稿语言艺术之"境"是指演讲稿在语言表达方面不仅要求观点正确、表达准确，更应言简意赅、深入浅出而又韵味无穷，具有独特的思想性。

（一）切境

演讲要走出孤芳自赏，则意味着要融入环境之中，因此我们要考虑有关"切境"的话题。切境是指我们在演讲稿写作中要有积极融入环境的姿态。环境包括人、事、物。融入环境是指我们要自觉意识到自身和这些人、事、物之间的客观联系，从而在心理上持一种投入而关切的态度。

所谓"心生而言立"。有内容有感情的语言的产生，只能是"心之所至"的自然产物，而不可能相反。如果我们在演讲活动中内心不投入、状态不积极，就谈不上和环境融洽。那样一种状态，实际上就是一种将自我隔离于环境的状态。对于演讲来说，要想取得顺畅和谐的效果，演讲者的心理就不能"隔"，而是要参与和融入，要"登山则情满于山，观海则意溢于海"。王国维曾论述过诗人创作时"入乎其内"和"出乎其外"的关系，认为二者不可偏废："入乎其内，故能写之。出乎其外，故能观之。入乎其内，故有生气。出乎其外，故有高致。"我们这里谈"切境"，也就是首先强调要"入乎其内"，如此才能"写之"，也才能说得上有"生气"。否则，心态上的封闭必然导致思绪的凝滞，情感上的隔离必然带来语言上的冷漠。思维都不活跃了，情感上都没温度了，又怎么会有好的构思和表达？而一旦演讲者从心态、情感上融入了，语言面临的很多问题其实就自然化解了。

此外,"融入"还有种种益处。比如,容易找到切入的话题和角度,容易发现听众的情绪反应,就能自然而然在表达中融进感情,无形中增加自己语言的感染力。例如,长沙市实验小学到湘西永顺县砂坝镇中心小学进行结对帮扶活动,在活动仪式现场,安排了家长代表进行发言:

今天,作为一名普通的学生家长来参加此次结对帮扶活动,我感到非常荣幸!我们带着真心、爱心、责任心来到这里。首先,要向我们砂坝镇中心小学为本次活动提供这样的平台以及他们的辛勤劳动表示衷心的感谢,对我们砂坝镇中心小学的全体老师和同学们表示亲切的问候!

有句歌词叫:"你是风儿,我是沙。"长沙与砂坝之间,有一个共同谐音的字,我想,我们会用自己心中的沙石构筑起三座桥梁。

第一座桥梁是知识之桥。……

第二座桥梁是心灵之桥。我想长沙的同学们可以学习砂坝同学们勇敢、善良、勤劳、坚韧不拔的精神品质;而砂坝的同学们也可以学习长沙同学们活泼、热情、开放、灵动有加的精神特质。特别是我看到了我们教学楼二楼的标语,老师们要有终生从教的献身精神、爱生如子的园丁精神和不计得失的牺牲精神,这样的心灵之桥可望一桥飞架南北,天堑变通途。

第三座桥梁是友谊之桥。……

我作为一名学生家长,非常支持、积极参与到此次活动中来,用我们的力量为活动的开展添砖加瓦。衷心地祝愿我们全体老师工作顺利,所有孩子健康成长,我们砂坝镇中心小学的办学蒸蒸日上,诚挚地欢迎老师们和同学们到长沙做客,谢谢大家!(蒋维发言)

作者以"长沙与砂坝之间,有一个共同谐音的字"为切入点,积极融入当时的环境,睿智开场。在演讲过程中更是抓住教学楼的标语等现场素材,拉近与听众的距离,使演讲具有较强的现场感染力,达到雅俗共赏的效果。

(二)适境

适境是指演讲者要善于根据眼前人、事、物的动态情况随时调整演讲稿内容的语言策略,以便对演讲环境进行动态协调并合理地加以利用。俗话说:"看菜吃饭,量体裁衣。"我们无论做什么事都要看情形处理,写文章和做演讲也是如此。所以我们在构思演讲内容时要善于观察环境的动态变化,及时顺应环境的需要,才能取得演讲的成功。

演讲一般是在特定的时间、地点、场合中进行的,听众对象也是特定的。这些特定的因素构成了演讲的具体环境,而这种具体环境将直接影响演讲稿的构思和语言运用。演讲者如果善于识别那些与演讲密切相关的环境因素并灵活运用,往往就能让演讲获得意想不到的效果。事实上,很多成功的演讲案例,往往很好地利用了现场环境因素。例如第五届中央电视台主持人大赛冠军获得者胡蝶,在当时的总决赛开场介绍中,就巧妙利用了现场舞台的图案。我们来看她的介绍词：

大家好，我是胡蝶，又一次站在了这个舞台上，我突然有了一种新的感悟：脚下的这个箭头仿佛是我们人生的坐标；而身旁，有朋友们给予的力量；前方，是老师们塑造的榜样。我终于明白了，箭头为什么要冲向前方，因为，那是未来，那是没有终点的召唤。谢谢大家。

当天比赛的舞台中央靠近观众席一方的位置上有一个箭头型图案，箭头正对着的前方，坐着决赛的评委们，他们都是业内的资深人士。于是胡蝶抓住了这个图案，并赋予了一个很贴切的寓意，那就是要向坐在箭头前方的前辈们学习，沿着他们开创的道路不断向前。这样的说法既能抓住观众的兴趣，又能博得评委的好感。可以说，这种就地取材的演讲策略，是演讲获得成功的一个有利条件。演讲稿写作要做到适境，就必须把握好得体的原则。得体指的是语言材料对语言环境的适应程度。既然语境包含着多层次的内容，那么，语言得体所涉及的内容也是多方面的，从演讲发生的具体情境，到更高层面的社会、时代、文化背景等，都是"得体"所要面临的问题。因此，要想做到"得体"，就要对各层次的语境要素进行分析，努力做到顺应。

"得体"在演讲中是作为一项原则性的评判标准提出来的，它在演讲中起到的引导作用相当大，又因为演讲都是在具体的环境中发生的，它对语境的依赖性较大，因而得体性原则对演讲具有重要意义。

得体至少有两个方面的内容需要考虑：一是在演讲中我们要照顾到各方人物的身份、地位以及和自己的关系；二是从语体上要顺应特定的语境。

1. 身份关系上的得体

得体首先是演讲者身份和听众身份关系上的协调。人们在不同的场合中会天然地形成各种社会关系，有时两人之间的关系还是多重的，比如两人既是同学，后来又成同事，再后来又成为上下级。不同的身份关系，是构成演讲活动动态语境的重要因素。一般来说，这层意义上的"得体"，实质就是对身份关系的顺应，它主要包含了礼貌、尊重等内容，是建立在我们对他人人格、内心感受和特定身份的认同和尊重基础之上的。

在具体运用时，因为身份关系是具体的、特定的，我们就要细致地关注这方面的情况，以便迅速做出得体的反应。对身份关系的粗疏大意很容易导致言语的不得体。

2. 语体上的合度

在不同场合中，我们要考虑演讲稿语体的适用性问题，从而力求语体的合度，这是得体原则的又一具体体现。比如在日常场合，我们的言谈就不宜太正式，不能过于典雅，否则会让人不自在。同理，在正式场合，太过私密性的言谈举止显得不妥甚至让人反感。

总之，在构思、写作演讲稿时，把握好得体的原则，积极地适应和利用好环境，就能做到"常行于所当行，常止于所不可不止"，进入言与境和谐互融的境界。

（三）造境

造境，即演讲稿的语言、词汇等要善于更新，营造"时新"的语境。万事万物都在运动变化，语言也不例外。既然语言始终处在动态的发展之中，那我们就应该以动态的眼光来观照它的变化，以开放的姿态接纳语言发展过程中真正有生命力的元素。

我清楚地记得，彭队到大荆中队是今年1月28日。他从轿车中跨出，车身瞬间上升，随后他将满车行李一件件搬运上楼。此时此景，让我突然想到了"憨豆先生"与他的"迷你"宝马。

到大荆两个半月后，民警们居然送给了他几个外号：习惯通宵夜巡的"黑猫警长"、徒步运送破拆器及受伤司机的"最给力交警"、扩音器不离身的"广播员"。（姜军《横刀立马方显英雄本色》）

演讲者敏锐地捕捉到了主人公身上的种种特点，巧妙地加以提炼、总结，用"憨豆先生""黑猫警长""最给力交警""广播员"等当下时新的词语对其进行描绘，对主人公的形象刻画可谓惟妙惟肖、入木三分。

造境的直接体现就是对新词新语的恰当运用，这本身就构成一种修辞力量，能够增加我们表述的新鲜感和活力。从对语境的顺应来说，恰当使用新词新语也是"言与境合"的题中应有之义，只不过，这个"境"是指更宏观的我们生活于其中的时代语境。让语言素材跟上时代节奏，是保持演讲语言鲜活的重要途径。需要注意的是，新词新语当然也有一个恰切与否的问题。对于不理解意思的人来说，就不适合过多使用，否则，陌生的词汇太多，反而会造成接受障碍，那就适得其反了。

二、语言之"技"

演讲稿语言之"技"是指在传情达意和遣词造句等方面巧妙运用修辞手段，使演讲稿语言更加鲜明生动，为演讲增辉添色。下面，介绍几种在演讲稿写作过程中常用的修辞方式。

（一）比喻

"辟也者，举他物而以明之也"（《墨子》），是对比喻修辞的最早论述。比喻是我们最熟悉的修辞方式之一。比喻是用为人们熟知的事物或形象来描述人们不熟悉的事物或形象，借助喻体和本体之间的相似来传情达意，这样就大大减少了理解上的困难，且能使表达更加生动传神。

青春，如草丛中散漫的野花，星星点点，却一样闪光耀眼；如晴空翱翔的雄鹰，比天空渺小，却也能翱翔于蓝天；如铮铮铁塔，屹立风霜雪雨之中，诉说着青春的坚定和不悔；如你、如我、如他，在不同的岗位上奉献着自己的热血和智慧，用年轻的容颜、激情和担当谱写着生

命之歌。（史航《青春正能量》）

演讲者用比喻的方法，在明与暗、高与低、大与小等对比式描述中把青春的正能量描绘得淋漓尽致，蕴含着深刻的人生哲理。

（二）引用

"他山之石，可以攻玉"，引用就是直接借用现成的语句来更好地说明问题、增强效果的修辞方法。人们一般会引用名人、伟人的言论和那些经过了历史检验的说法，因此恰当的引用总是令人信服。

唐代韩愈有句名言："行成于思，毁于随。"这句话是很有哲理的，所以我们要提倡思想上的艰苦奋斗，本质的要求就是要在思想上吃得起苦，深入进行理论思维。以往我们对艰苦奋斗的理解普遍停留在能吃苦、不怕累、出大力、流大汗的层次上，关注点主要集中在生活和工作方面，提倡这一点无疑是应该的，但在知识经济背景下的高科技企业的竞争当中，光讲生活上和工作上的艰苦奋斗是不够的，还应该突出强调思想上的艰苦奋斗。（任正非《要提倡思想上的艰苦奋斗》）

演讲者论述艰苦奋斗的重要性，尤其强调思想上的艰苦奋斗，于是通过引用唐代韩愈名言"行成于思，毁于随"，使论述更有说服力。

（三）排比

排比是演讲稿中最常见的修辞方式之一，它是指在语言表达中将三个或三个以上结构相似的短语或句子连放在一起，从而增强表达气势。人们在情绪激昂时，常常会有一而再、再而三地表达类似情感的心理惯性，排比实质上就是这样一种心理惯性的产物。正因为如此，排比的运用总是能有效地调动听众的情绪，使他们受到鼓舞。

时代在变，世界在变，而不变的是国家的精神，是民族的气节，是文化的灵魂。从《唱支山歌给党听》到《永远跟你走》，从《春天的故事》到《走进新时代》，从《草原上升起不落的太阳》到《西部放歌》，伴随着中国共产党成长的脚步，在历史、现在与未来的每一个角落，每一个具体而清晰的时刻，都有我们文化工作者活跃的身影。（彭逸豪《文化的灵魂》）

上述演讲稿气势恢宏，情感细腻，立足于中国共产党成长的历史长河，拾取文化事业发展的朵朵浪花，放眼历史、现在与未来的每一个角落，简单几笔却点染出一幅幅波澜壮阔的画面，充满激情和力量的排比让人心潮澎湃。

（四）设问

设问是一种常见的修辞手法，常用于表示强调作用。为了强调某部分内容，故意先提出问题，明知故问，然后自问自答。正确地运用设问，能引人注意，启发思考。

首先，我想请问大家一个问题：我们的校训是什么？仁爱精勤！倡导师范仁道，追求高尚；倡导爱人以德，追求和谐；倡导研精思深，追求真理；倡导勤奋踏实，追求卓越。同学们，我们的院训又是什么呢？正大日新！秉承校训、院训，怀着国际视野、天下情怀，我们立志高远，勇于担当，心系国防，执着追求，这就是我们的使命！（曾梦《携笔从戎，献身国防》）

演讲者的两个设问是整段演讲的着眼点和支撑点，不仅巧妙地调动了现场气氛，而且让听众产生了强烈共鸣。

（五）讽喻

讽喻就是假造一个故事来实现讽刺教导的一种修辞手法。讽喻一般在本意不便明说或者不容易说明白时使用。如果说比喻是"喻情理于形"，那么讽喻就是"喻情理于事"，它就是借助讲故事这个极具吸引力的方式来表情达意说理的。

什么是君子，君子永远着眼于当下，君子永远要做一个内心完善的人，君子的目标从来不好高骛远。我们看到了，孔子从来不说君子就要像谁谁谁那样，孔子这里提出的君子永远是做一个最好的你自己。按照你自己的坐标系，从眼前做起，从今天开始学习，让自己成为心目中完善的自我。其实这让我想起一个小故事，说在一条小街上开了三家裁缝店，每一家都在想，我一定要招到最多的客人，所以就力图把自己说得非常非常大。第一家店说我是本省最好的裁缝，把这个大牌子挂出去了；第二家一看，觉得我要比他更高一点，所以做了一个更大的牌子，说我是全国最好的裁缝；第三家想了想说难道我还能做全世界最好的裁缝吗？想了半天，最后他做了一块很小的牌子摆在那儿，结果那条街上的所有客人都来了第三家，前两家变得冷冷清清。这第三家牌子写的是什么呢？他写的是我是这条街上最好的裁缝，也就是说，他把这个视线放回到眼前，从当下做起。（于丹）

于丹用这个讽喻的故事来说明孔子的主张，即君子要着眼于当下，做一个内心完善的人，而不是好高骛远。

（六）反问

反问是我们比较熟悉的修辞手法，它无疑而问，且问题本身就包含了答案。所以，和设问不同，与其说反问是在疑问，倒不如说反问是在感慨，它用疑问语气来表达说话人内心强烈的感慨。

是的！我们每个人都有自己的梦想……父母含辛茹苦地把我们养大，送我们读大学，可是有些同学呢？……难道觉得读大学就是挥霍青春？（肖何《坚持梦想》）

作者在文中掷地有声地反问："难道觉得读大学就是挥霍青春？"一个反问句不仅加强了语气，更激发了听众的情感和深思。

单元四　演讲稿的语言

三、语言之"美"

演讲稿的语言之"美"是指演讲语言在作用于人的心理过程中，给人带来不同的审美感受，由此产生不同的美感和美学形态。

（一）声色之美

演讲稿语言的声色是指一切能在听觉和视觉上直接捕捉到的信号和形式。"声"这一方面，包括声音音质、字词读音、词句韵律、语气节奏，也包括由字音组织起来的具有美感的语句形式，也就是那些利用了语音效果的修辞类型，如对偶、排比、反复、押韵、重叠、回环、顶针等。

"色"这一方面，主要是指词语的组合所营造的形象感，即演讲稿的文字表达能有效地引起听众的联想和想象，从而使表述变得形象生动，写景历历在目，叙事仿佛亲眼所见。"色"主要通过形象具体的词语和能够激发形象思维的修辞来实现。在词语方面，那些指称我们所熟悉的物象的词语便相对具有更强的形象感，比如，"雪白"就比"白色"要形象具体。在修辞方面，比喻、讽喻、夸张、拟人、对比等修辞手法在调动人的联想和想象上都有不错的效果。

（二）情意之美

演讲并不是单纯为了求得感官的愉悦。大多数时候，演讲稿语言的美是在以美的形式去表情达意时体现出来的，因而对于演讲稿语言的评价，就不能止步于声色之美，而必须推进到情意之美这一层次。

演讲稿语言涉及人的知、情、意三个维度，这里所说的知、情、意是指人类心理活动的三种基本形式："知"指的是认知、观念；"情"指的是情绪、情感；"意"指的是意志。演讲稿语言的情意之美的形成，需要两个方面的条件：第一，要有一定水准的知、情、意的参与，或者说，演讲稿的意蕴要体现对真善美的追求；第二，知、情、意的内涵必须与一定的声色之美的形式结合。世界上的一切事物，都可能成为演讲稿语言的表现对象，如果演讲稿的语言具备知、情、意的内涵，而演讲稿的语言形式又具备一定的美感，我们就能创造演讲稿语言的情意之美。

同时，由于具体情境不同，演讲稿的语言可能会在知、情、意上各有侧重，因此将分别表现出真之美、善之美、情之美。其中，真之美兼具形式美和理智之美，凸显对于哲理的探寻和表现；善之美兼具形式美和道德之美，凸显对于人格美的肯定和褒扬；情之美兼具形式美和情感之美，凸显对于真情实感的传达和体验。

1988年7月，不满十八岁的我从师范学校毕业，被分配到我的家乡一所小学任教。在艰苦条件下十五年的磨砺，让我深刻地认识到，只有良好的教育，才能改变贫穷落后的面貌。教师的爱与责任，就是孩子幼小心灵中不可缺少的阳光。

模块二　演讲稿件

　　2003年春天，我离开了家乡的小学，又到了另一所偏远的农村小学工作。虽然我工作的学校条件都比较艰苦，但不管在哪里，我对待工作始终有一股火热的干劲，对待学生始终有一颗真诚的爱心。学生喜欢我，家长信任我，我在工作中享受着教师职业的艰辛和幸福。我对农村的孩子们有一种慈母般的深情。特别是对于那些家庭困难的孩子，我更是时时牵挂他们的冷暖，我尽自己所能去帮助他们，用真诚的爱去温暖他们幼小的心灵。（盘晓红《播撒爱的阳光》，略有改动）

　　作者是在讲述自身的经历和体会，字里行间凸显着一种高贵人格，传递着一种温暖和真情，彰显着情意之美。

　　事实上，知、情、意之美是演讲稿中最常见、最重要的审美形态。它既符合演讲语言追求实效的现实特性，又满足了人们普遍具有的求美的感性心理。它是理想和现实的结合，是人的理性和感性双重本质的综合体现。

（三）境界之美

　　演讲稿语言的境界之美，是从情意之美中延伸出来的一种具有鲜明特性的审美形态。它并不是知、情、意之外又另有所求的产物，而是知、情、意达到很高层次的结果。然而，境界之美又与一般的情意之美有着显著不同。如果说，演讲稿语言一般意义上的情意之美是一种审美评判上的"定性"，即只要有了知、情、意的参与就可能产生，那么，演讲稿语言的境界之美则是知、情、意维度上的"定量"，不仅要有知、情、意，而且知、情、意的分量必须达到较高程度才能臻于境界之美。

　　演讲稿语言要实现情意之美，一要有知、情、意的参与，二要与一定的声色之美相结合。上升到境界之美也是如此，当知、情、意达到真、善、情的至真、至善、至情程度，并能以恰当的语言形式表现出来，从而引起人们的强烈情感体验，语言就升华到了一种境界之美。

　　为了指导硕士生、博士生搞科研，每年的寒暑假我几乎都是和学生一起泡在实验室度过的。为了观察一个实验24小时不眠不休是常事。然而并不是所有的实验只要付出就会成功。我记得有一次和学生一起做实验，在实验室待了四十多个小时，天气又闷又热，我中暑倒在了实验室。学生们哭着把我送进急救室，但最后实验还是未成功，我鼓励我的学生说："'九层之台起于垒土'，每一次的喷薄而出都经历了无数次的震荡与酝酿。尽管我们现在所做的努力有些还看不到结果，但这是在为下一代人铺路。"我还积极为学生创造良好的环境和机会，每年暑假我都将研究生送出去参加国际、国内学术交流。我知道只有把他们送出去见世面，他们才会知道外面的世界多精彩！

　　尝遍为人师者的种种滋味后，我深深感悟到："三尺讲台上没有令人羡慕的财富和权力，教师在黑板上写下的是奉献，擦去的是名利！"我不是栋梁，但我的事业是培养栋梁；我不是未来，但我的事业是造就未来！（常小荣《爱岗敬业、无私奉献在传道授业中践行社会主义核

单元四　演讲稿的语言

心价值观》）

演讲词洋溢着一位大学教授对学生、事业、人生之大爱，真之美、善之美、情之美溢于言表，"我不是栋梁，但我的事业是培养栋梁；我不是未来，但我的事业是造就未来！"，结尾的点睛之笔，饱含深情，彰显着境界之美。

当然，提出境界之美的意义，不是要我们张嘴就追求超凡脱俗，而是提示我们但凡有适宜的空间，便不要吝惜我们的心智，而应努力在声色之美和情意之美的基础上继续升华，从而创造出更多的经典演讲稿，以实现演讲稿语言价值的最大化和演讲价值的最大化。

课后习题

1. 写一段演讲稿结尾，篇幅不限，使用5个左右的当前时新词语。
2. 以"宽容"为主题，写一篇800字左右的演讲稿，其中必须使用排比、比喻、反问等修辞手法。
3. 围绕下面的演讲主题，设计一个演讲开头。
   （1）时间能改变一切
   （2）触动心灵的一件事
   （3）执着与信念
   （4）勇挑时代重任，谱写青春之歌
   （5）和谐家园，我们共同的责任
4. 以"感悟幸福"为题，运用由表及里的写作技巧，拟写500字左右的演讲稿。

模块三　演讲技巧

学习目标

◎掌握演讲的基本功内容。
◎学会竞赛类与非竞赛类演讲技巧。

案例导入

杨涛作为嘉宾被邀请参加某高端会议。主办方发表了热情洋溢的演讲后，邀请在场的每一位嘉宾进行即兴演讲。

杨涛事先已经知道要在会议上讲话，所以做好了心理准备，沉着冷静地开始了他的演讲。

他在开篇说："愿意加入该平台的人是懂得奉献、愿意奉献和乐于奉献的人，如果大家来这个平台是为了索取，那么这个平台注定会失败……"（奉献）

他接着说："因为你奉献了，他奉献了，大家奉献了，所以才能互通有无，这样，平台上的每个人才能在沟通和交流中学到知识……"（学习）

他继续说："我觉得，在这里光学习知识是不够的，大家来这里的目的是成长，只有在经验和技术上获得成长，最终才能被市场所接受……"（成长）

他最后说："我想，大家聚到这里就是为了发展，我们要尽最大的努力把这个平台做大、做强。发展需要一个目标，只有把目标确定下来，我们才能实现飞跃式发展。"（发展）

案例思考：请分析本案例中杨涛在即兴演讲时采用了哪种内容组织方式？杨涛的即兴演讲，结构清晰，层次分明，表达流畅，他主要采用了哪些演讲技巧？

单元一　基本功

对于基本功的重要性，这是不用怀疑的。凡是有志掌握演讲技巧的人们都愿意学习基本功，这是一个必要的环节。

模块三　演讲技巧

一、气息练习

呼吸是人体一切发声的原动力，正确的发声建立在良好的气息基础上。呼吸方法掌握得是否正确，直接影响发声质量和演讲效果。科学的呼吸和气息控制训练是学习演讲的重要环节。

（一）呼吸方法

第一，胸式呼吸：胸式呼吸又称肋式呼吸法、横式呼吸法。这种呼吸法单靠肋骨的侧向扩张来吸气，用肋间外肌上举肋骨以扩大胸廓。吸气时双肩上抬，气息吸得浅，因此又称为肩式呼吸法、锁骨式呼吸法或高胸式呼吸法等。

第二，腹式呼吸：腹式呼吸是让横膈膜上下移动，以膈肌运动为主，吸气时胸廓的上、下径增大。由于吸气时横膈膜会下降，因此肚子会膨胀，而非胸部膨胀，属于深度呼吸。

第三，胸腹联合式呼吸：通过外肋间肌的收缩，提起肋骨，扩展胸腔，吸入空气，当内肋间肌收缩时，牵引肋骨后降，胸腔缩小，空气从肺内呼出。这种方法是胸腔、横膈肌、腹肌联合控制气息。

胸腹联合式呼吸是演讲常用的呼吸方法，其主要有三个优点：一是全面调动可发声器官的能动作用，不但可吸进足够的空气，促使气息的容量扩大，还能够稳定住两肋及横膈膜的张力，使之能够和来自小腹的收缩力量形成均衡的对抗，从而有利于加强声音发出的力量；二是呼吸的活动范围较大，伸缩性比较强，从生理上来说，为控制呼吸、均衡气息、调控声音提供了良好的条件；三是呼吸有力度、有弹性，并具有较大的灵活性，这种呼吸方法不仅有益于声音圆润、响亮，而且能避免过强的气息冲击声带，是一种科学的用气方法。

（二）气息控制

掌握科学的呼吸方法之后，还必须懂得气息的控制，要做到"吸气一大片，呼气一条线；气断情不断，声断意不断"，把气息的控制和运用作为演讲情感表达的重要手段。下面，介绍几种气息控制的训练方法：

第一，数数练习。数数练习的方法是先吸足一口气，然后用均匀的、轻微的、带有气息的声音开始数数，1、2、3、4、5……一直数到不能再数为止；然后，吸一口气再来，如此反复练习。经过长期反复的训练之后，数的数字会越来越多，时间会越来越长，同时气息的控制能力、持久能力也会越来越强。

第二，打"嘟"练习，也叫"吐唇哼音"，就是在呼气气流的吹动下，使双唇发出均匀、延长的"嘟噜"声。具体方法是：口腔自然合拢，把气息吸满，小腹微微内收，气息支点在横膈膜，伴随气息的均匀呼出吹动嘴唇，发出"嘟"的声音。刚开始练习时要放慢速度，将气息一点点均匀地吐出，避免气息过猛，体会喉头放松、气息支撑和呼吸连贯的感觉。

单元一　基本功

打"嘟"练习是呼吸基本功训练非常重要的一课。它至少有以下三个优点：一是有利于练习呼吸，使演讲者建立良好的运用气息、控制气息的能力；二是为建立清晰、圆润的声音共鸣起到铺垫作用；三是能帮助演讲者放松喉部肌肉和双唇。

很多人在刚接触到这一练习时感觉无从下手，无论怎么打"嘟"都"嘟"不出来，且越用力越"嘟"不出来，即使打出来了，也是断断续续的。打"嘟"关键在于放松口腔和双唇，可以闭上眼睛，让自己充分放松口腔肌肉后再开始练习。

（三）换气技巧

换气的总体要求是合理、自然、充足。换气时口鼻同时呼吸，句子之间换气应该在下句的开头，呼吸的气量多少取决于表达的需要。

换气主要分为两种情况：一是换气时有合适的停顿时间，可以从容地正常换气，以满足下一句发声表达的需要以及生理需要；二是由于思维和表达的需要，为维持较长时间的发声需要而超出了生理能力，需要补充气息而又没有充足的补充气息的时间。

当出现第二种情况时，就要使用换气的技巧。常见的换气技巧有以下几种：

第一，偷气：即以隐蔽的方式，不为人察觉地迅速吸气。偷气常用于句子当中少量补气和紧凑的句首换气时。

第二，抢气：情感和内容表达需要时，明抢气口。

第三，就气：听感上有停顿而实际上不吸气，运用体内余气予以支撑，"就气"说完后一句话，以达到语流连贯的效果，也就是我们常说的"声断气不断，声断意不断，声断情不断"。

换气的训练方法：慢吸慢呼、快吸快呼、快吸慢呼、慢吸快呼。

二、发声练习

声音是演讲的有效载体和媒介。演讲发声有许多要求和讲究：准确规范清晰流畅；圆润集中，朴实明朗；刚柔并济，虚实结合；色彩丰富，变化自如。演讲发音的总体要求是：气息下沉，喉部放松；不僵不挤，声带贯通，字音轻弹，如珠如流；气随情动，声随情走。动听的声音需要科学的训练，下面介绍发声练习的有关知识：

（一）发声原理

语言是人类所特有的一种符号系统。一个命题在说话人大脑中产生，到被听话人理解，整个过程可以分为三个主要环节，即：言语的产生、言语的传输、言语的感知。

在发声中起不同作用的器官按呼出气流运动方向由下而上分为三部分。

第一，动力器官：指的是为人体发音提供动力的系统，主要由肺、气管、胸廓以及膈肌、腹肌等器官和相关肌肉组成。

第二，振动器官：喉头内的声带，它是声源；共鸣器官：喉腔、咽腔、口腔、鼻腔、胸腔和头腔。

第三，声源系统：主要是指喉和声带。声带振动发出的声音叫喉原音，喉原音很微弱。声道是人类发声的共鸣器官，喉以上的共鸣腔体主要有喉腔、咽腔、口腔和鼻腔，喉以下有胸腔。

（二）发声训练

演讲发声要求表情达意准确；声音变化幅度不大，但层次丰富；状态自如，清晰圆润，声音流畅。演讲发声要达到良好的效果，就要有针对性地进行发声训练。下面，介绍几种常见的训练方式：

第一，半"打哈欠"练习。进行半"打哈欠"练习的主要目的是放松发声器官，找到较好的发声状态。具体方法是：提颧肌、开牙关、挺软腭、松下巴，就如打哈欠那样深深地吸气，将嘴张开张大并坚持5~10秒钟后放松。通过这个练习，使喉头放松，上腭挺起，培养咽喉扩展和咽部肌肉的力量，让共鸣腔体得到较为充分的扩展和放松。

第二，哼鸣练习。进行哼鸣练习的主要目的是获得良好共鸣，美化音色。具体方法是：吸饱气息，然后牙关松开，喉肌放松，轻拢嘴唇，上挺软腭发出"m"的音（找到正确的方法后也可以半开口或全开口），用微弱而均匀的气流发出单纯的哼鸣音。进行哼鸣练习不但可以体会到声音的位置感、声音的点和气息的连贯支持，还可以增强声带灵活性和柔韧性，帮助错误发声者纠正不良发声习惯，使病变的声带恢复机能等。有些人说话嗓音粗哑而低沉，缺乏明亮的色彩，导致声音失去美感。通过哼鸣练习可以调整声音的发声位置，增加声音的明亮色泽，使音色获得较大的改善和美化。

第三，音阶练习。进行音阶练习的目的是拓展音域，练习和挖掘"低音宽厚、中音圆润、高音坚韧"的嗓音素质，为演讲获得更强的表现力。具体方法是：结合a、i、o、u、e等单母音或ma、me、mi、mo、mu等混合母音进行音阶的上行和下行朗诵或吟唱练习。演讲发声的特点决定了它采取的共鸣方式——以口腔共鸣为主，以胸腔共鸣为基础的声道共鸣方式。演讲发声对共鸣的控制是一种综合的控制过程，在进行音阶练习时，要保证呼吸控制、口腔控制、喉部控制与共鸣控制的协调一致，互相支持。

（三）嗓音保健

第一，喉部按摩。手指按住喉结两旁上下移动。指压力量以感觉舒适为度，不可用力过大，每次2~3分钟。这样可以起到缓解喉肌和咽部肌肉过度紧张、消除疲劳、增强机体抗病能力的作用。

第二，毛巾热敷。把毛巾用温热水浸透后拧干敷在颈部，反复数次，可以增进喉部血液循环，消除疲劳，减少咽干、喉痛，起到加速喉肌恢复活力的作用。

第三、气泡音练习。头部端正，双眼平视，打开牙关，用少量微弱均匀的气息平稳地从松弛的声带吹出，发出连贯的气泡音（就像喝水时吐水泡的感觉）。当我们在使用气泡音振动声带时，是在声带休息的状态下进行的合理运动，这样等于对声带进行按摩，能够有效地把声带上覆盖着的充血的分泌物振开，调整声带。

拥有健康、悦耳的嗓音是完成出色演讲的必要条件，所以我们应该掌握正确的呼吸方法和科学的发声技巧，树立良好的嗓音保健意识，努力获得美妙的好声音。

三、普通话练习

普通话是指通行于中国大陆和港澳台地区的共通语言，是现代汉语共通的交际口语与书面语。1955年10月，相继召开的全国文字改革会议和现代汉语规范问题学术会议，从语言的三要素语音、词汇、语法三个方面为普通话作了科学的定义：普通话是以北京语音为标准音，以北方方言为基础方言，以典范的现代白话文著作为语法规范的现代汉民族共同语。普通话既是现代汉民族共同语，又是国家通用语言，更是中文演讲的必学语言。近年来，我国对普通话的推广和普及工作成效显著，当代大学生已基本能熟练地使用普通话进行沟通和交流。在此，本部分仅对普通话的知识进行简要介绍。

普通话语音系统主要包括声母、韵母、声调、音节，以及变调、轻声、儿化、语调等。

（一）音素系统

音素是最小的语音单位，它是从音节中分析出来的，音节是最自然的语音单位。在汉语中，一个音节就是一个汉字。"我是中国人"5个汉字同时是5个音节。儿化音节例外，例如，"一下儿"这三个字实际上是两个音节，"下儿"是一个音节，念"xiar"。

语音分析到音素不能再分了。"红"可以分析出h、o、ng三个音素来。如果我们把声音拖长念，是完全可以体会得到的。

音素按发音特点分成两大类：元音和辅音。

元音：发音时声带颤动，声音响亮，气流在口腔中不受到阻碍。例如普通话中的a、o、e、ê、i、u、ü、-i（前）、-i（后）、er。

普通话的这些元音，-i（前）只跟z、c、s拼合构成音节，-i（后）只和zh、ch、sh、r拼合构成音节。ê、er能自成音节，一般不直接跟辅音相拼。其他元音既能跟辅音相拼，也能自成音节。

辅音：发音时，声带不一定颤动（有的颤动声带，如m、n、l，有的不颤动声带，如s、sh、x），声音不响亮，气流在口腔中要受到不同部位、不同方式的阻碍。例如普通话中的b、 p、m、f、d、t、n、l、g、k、h、ng、j、q、x、zh、ch、sh、r、z、c、s。

普通话中，辅音一般要跟元音拼合才能构成音节。有的辅音可以自成音节，如"n"，这是个别现象。

（二）声韵调系统

从声韵调系统来看，普通话有辅音声母21个，韵母39个，声调4类。

第一，声母。声母是音节开头的辅音。例如"买mǎi、卖mài、明míng 媚mèi"开头的"m"就是声母。"二èr""矮ǎi"这样的音节没有辅音声母叫作"零声母"音节。上面所列的22个辅音，除ng不作声母外，其余21个都能作声母。

第二，韵母。韵母是音节中声母后面的部分，它主要是由元音构成的（鼻韵母有鼻辅音n或ng作韵尾）。比如"发达fādá"的"a"，"电线dianxian"的"ian"就是韵母。每个韵母中都有一个元音读得比较长而响，称为主要元音，又称韵腹，韵腹前面的元音叫韵头，韵腹后面的部分叫韵尾。比如"ian"中的"i"是韵头，"a"是韵腹，"n"是韵尾。只有一个元音的韵母，这个元音就是韵腹，例如"发fa"中的"a"。做韵头的元音只有i、u、ü，如ia、ua、üe。做韵尾的只有元音i、o（u）和辅音n、ng，如ai、ao、an、ang。

第三，声调。声调是音节的高低升降形式，它是由音高决定的。比如"辉hui""回hui""毁hui""惠hui"四个音节的声母和韵母都相同，但是它们的声调不同，就成了不同的音节，代表不同的意义。所以，声调是构成音节非常重要的部分。一个音节没有标上声调，这个音节就毫无意义。普通话声调有4类：

阴平念高平调，如飞、妈、书、家、乒；

阳平念高升调，如池、河、神、床、笛；

上声念低降升曲折调，如马、始、可、果、表；

去声念高降调，如电、醉、进、亚、贡。

普通话声母和韵母相拼构成的基本音节（包括零声母音节）有400多个，加上声调的区别有1 200多个音节。

音素系统和声韵调系统，都可以用来说明汉语的语音结构。声母、韵母声调是中国传统音韵学分析汉语音节结构所用的一组概念，它侧重汉语音节内部的结构和各成分在音节中的位置。元音和辅音是现代语音学分析音节和音素所用的一组概念，是对音素的发音特点进行分析后划分出来的类别。这两套系统可以结合，但不能混淆。比如：声母是由辅音充当的，但辅音不等于声母，因为辅音除做声母外，还可以做韵母的一部分即韵尾。韵母虽然主要是由元音充当的，但韵母不等于元音，因为韵母里面还有辅音。

和汉语其他地方方言，特别是南方很多方言的音系相比较，普通话音系比较简单，它的声母、韵母、声调，一般来说比其他方言要少，因而比较容易掌握。

在世界语言之林中，汉语属于汉藏语系。跟英、法等印欧语系的语言相比较，汉语语音的最大特点之一是：声调区别意义。

（三）语流系统

第一，音变。音变就是语音的变化。人们在说话时，不是孤立地发出一个个音节（字），而是把音节组成一连串自然的"语流"。在语流中，前后音节会互相影响，使某些音节的音素或声调发生语音变化，这就是语流音变。普通话的音变包括：变调、轻声、儿化和语气词"啊"的变化等。

第二，语调。语调是"说话的腔调"。语调是衡量普通话标准与否的重要特征，是语言的"灵魂"。在说话人的语流中，我们能感受出"湖南普通话""广东普通话""东北普通话"。这不仅是因为声韵母与普通话存在差异，更因为语调特征不相同。说话时声音的高低、轻重、长短，语速的快慢，语流的连贯和停顿的变化，这些都是语调的具体体现。语调里含有很多感情和情绪成分，说话人的喜怒哀乐、赞成或反对、爱或恨等情态因素不仅体现在词语的选择上，还会通过句子的语调表现出来。学习普通话，不仅要学会发标准音，做到"形似"，还要掌握驾驭语调的能力，提高语言运用水平，做到普通话的"神似"。

单元二　竞赛类演讲技巧

演讲的主要形式是"讲"，即运用有声语言追求言辞的表现力和声音的感染力，同时辅之以"演"，即运用面部表情、手势动作、身体姿态等态势语言，使演讲更加形象生动，从而产生一种特殊的魅力。如果说演讲内容的严谨、真实、典型、新颖是演讲之道，演讲技巧则是让演讲充满激情和力量的道中之术。所以，演讲技巧是演讲者必须学习和锤炼的技能。演讲根据不同的标准可以分为许多类型，不同的演讲类型有不同的演讲技巧和要求。

一、主题演讲技巧

当前，国内竞赛类演讲常见的形式有主题演讲和辩论演讲。主题演讲因为规定了演讲的主题或题目，所以比较容易判断在基本相同的挑战条件下各位演讲者的水平，既确保了公平性，又方便评委操作。辩论演讲更是竞赛类演讲的热点，辩题的新颖有趣、辩手的灵活机智、辩程的唇枪舌剑，都能激起听众的兴趣和热情。无论是主题演讲，还是辩论演讲，不仅需要演讲者具有渊博的知识、开阔的视野，还需要演讲者灵活运用各种技巧。

主题演讲比赛是指给出一个既定的主题，要求演讲者根据这个主题进行竞赛演讲的活动。

模块三　演讲技巧

它的主要特点是特定性和针对性，因为主题演讲比赛是主题特定、时间特定、场合特定、听众特定的演讲活动，所以演讲者就应该根据这些特定的情况有针对性地撰写演讲文稿和设计演讲形式。主题演讲比赛的主要环节包括定稿、记稿、试讲、正式演讲等。下面，我们选择其中的重要环节介绍一些常用技巧。

（一）记稿技巧

竞赛类的演讲中对于参赛稿件的熟记是备赛的重要环节，主题演讲比赛更是如此，由于现场发挥余地不大，所以记稿的环节尤为重要。如何在短时间的训练中达到熟记的程度呢，在此介绍几种方法：

1. 收放法

收放法是指一收一放地进行演讲稿记忆的方法。收的时候，进行快速表达，以"快舌"的方式进行，一般可达到每分钟260～300个音节，而放的时候，以正常的演讲节奏进行默述或小声念。在一收一放的反复训练中，对演讲稿的记忆会逐步加深。

2. 浮现法

浮现法是指将演讲稿呈现到头脑中的方法。在基本能背诵文稿后，在脑海中放电影般反复回忆每页的稿件内容。这种方法融入了对稿件的形象记忆，能有效地加强对稿件内容的记忆。

3. 手卡法

手卡法是指将演讲稿的文字用小字打印到小卡片中进行记忆的方法。此种方法操作简便，一般可考虑在打印纸上分栏或用表格进行，打印后裁剪成小卡片。一般一个小卡片容纳200～300字。制作完小卡片后，演讲选手再分卡片进行背诵。

4. 情境法

情境法是指进行现场情境模拟，特别是重大比赛出征前，在班上、学院的老师和同学们面前进行现场练习，达到热身的效果。

5. 强化法

强化法是指对演讲稿棘手的部分进行针对性重点训练的方法。为增强比赛的竞争力，有的演讲稿中设置了一些难度较大的语句。有些语句对于选手来说比较拗口，因此对这些语句应该多花时间排练。一般来说，选手对一篇稿件的开头和结尾部分记忆最深刻，而对中后部分的记忆偏薄弱，因此在训练中需要花精力去强化，以达到整篇稿件的记忆平衡。

（二）口语表达技巧

主题演讲比赛稿定稿之后，排练推敲过程中需要运用一些演讲技巧。主题演讲比赛技巧一般围绕八个字来进行，即抑扬顿挫、轻重缓急，具体技巧包括停顿、重音、句调等。

1. 停顿

停顿是演讲中语流的间歇。停顿不仅是人们生理上的换气需要，也是有声语言表情达意的重要方法。

第一，语法停顿。语法停顿是指由句子间语法关系而确定的停顿。如句子中主谓之间、动宾之间、修饰语与中心词之间的停顿，还有分句之间、句子之间、层次段落之间的停顿。

纯朴的家乡/村边有一条河，曲曲弯弯，河中/架一弯石桥，弓样的小桥/横跨两岸。

"纯朴"只能修饰"家乡"，而不能修饰"村边"。

这块广袤的土地/面积为五百四十六万平方千米，占国土总面积的百分之五十七；人口二点八亿，占全国总人口的百分之二十三。

"土地面积"在我们概念中通常是一个词组，很容易连在一起读，但是"广袤"是不能够修饰"面积"的，正确的停顿应该是在"土地"之后。

第二，强调停顿。强调停顿是句子中的特殊停歇，它不受语法停连的限制。它是为了强调某一事物，突出某种语意和情感，或为了加强语气，在不是语法停顿的地方作适当的停顿，或在语法停顿的基础上改变停顿时间。

这样枝枝叶叶靠紧团结，力求上进的白杨树，宛然象征了今天在华北平原纵横决荡/用血/写出中华人民共和国历史的/精神和意志。

在"用血"这个词之后给予一定时间的停顿，可以引起听者的注意，突出是"用血"写出的中国历史。

第二天拉开窗帘，却已经积雪盈尺，连门/都推不开了。

在"连门"这个词之后停顿一下，强调风雪之大。

2. 重音

通过加大音量、拖长字音等方法予以强调，就是重音。重音的确定是以语句表达目的和情感色彩为依据的，哪个地方最强烈地体现了语句目的和感情色彩，它就是我们需要着意强调的对象。

第一，语法重音。

语法重音是根据句子的语法结构确定的重音，位置比较固定，如短句中的谓语动词、修饰成分与限制成分、数量结构，疑问代词、指示代词，并列关系、对比关系、转折关系中的关键词等，我们在朗读时一般要重读。

今天早晨，天放晴了，太阳出来了。（谓语动词）

我有两个愿望，第一个是，妈妈天天笑眯眯地看着我说："你真聪明。"第二个是，老师天天笑眯眯地看着我说："你一点也不笨。"（数量结构、修饰成分）

有这样一个故事。有人问：世界上什么东西的力气最大？（指示代词、疑问代词）

没有一片绿叶，没有一缕炊烟，没有一粒泥土，没有一丝花香，只有水的世界、云的海洋。（并列关系、对比关系）

第二，强调重音。

强调重音是为了突出某种特殊的表达需要或思想感情而确定的重音，它没有固定的位置和规律，而是由句子的表达意图和具体语境决定的。

我是2020级中文系的学生。（谁是2020级中文系的学生？）

我是2020级中文系的学生。（你是不是2020级中文系的学生？）

我是2020级中文系的学生。（你是中文系哪一级的学生？）

我是2020级中文系的学生。（你是2020级什么系的学生？）

我是2020级中文系的学生。（你是2020级中文系的老师还是学生？）

强调重音在语句中的位置，没有固定格式。我们只有在深刻理解和感受作品内容的基础上，才能准确地确定强调重音的位置。

3. 句调

句调指语句里声音高低升降的变化。这种变化贯穿于整个句子，但常常在句末表现得特别明显。句调主要有以下四种类型：

第一，升调，前低后高，语势上升。一般用来表示疑问、反问、惊异等语气。高升调多在疑问句、反诘句、短促的命令句里使用，或者是在表示愤怒、紧张、警告、号召的句子里使用。

什么是永远不会回来的呢？（表示疑问）这是胜利的预言家在叫喊："让暴风雨来得更猛烈些吧！"（表示呼喊）

第二，降调，前高后低，语势渐降。一般用来表示肯定、坚决、赞美、祝福等感情。

降抑调一般用在感叹句、祈使句或表示坚决、自信、赞扬、祝愿等感情的句子里。表达沉痛、悲愤的感情，一般也用这种语调。朗读时，注意语调逐渐由高降低，末字低而短。

似乎每一片树叶上都有一个新的生命在颤动，这美丽的南国的树！（表示感叹）

"我是唯一的一个找到真金的人！"（表示肯定）

第三，平调（-），一般多用在叙述、说明或表示迟疑、思索、冷淡、追忆、悼念等情况的句子里，表达庄严、悲痛、冷淡等感情。朗读时语调始终平直舒缓，没有显著的高低变化。

第四，曲调（∧或者∨），这种句调常用来表示讽刺、厌恶、反语、意在言外等，用来表达特殊的感情，如讽刺、讥笑、夸张、强调、双关、惊异等。朗读时句调弯曲，或先升后降，或先降后升，把句子中某些特殊的音节特别加重、加高或拖长，形成一种升降曲折的变化。

好个国民党政府的"友邦人士"！（∨）（表示讽刺）

也有解散辫子，盘得平的，除下帽来，油光可鉴，宛如小姑娘的发髻一般，还要将脖子扭

几扭。实在标致极了。（∨）（表示反语）

一般来说，最基本的两种句调类型是降调和升调，陈述句、祈使句、感叹句都用降调，只有疑问句用升调。方言区的人在演讲时，常常有句子末尾语调上扬的现象，把一些降调、平调也讲成带有方言色彩的升调，从而形成语调偏误，在演讲训练时要注意纠正。

（三）心理调适和设备运用的技巧

不仅主题演讲比赛，一般的竞赛类演讲均需要用到心理调适和设备应用的技巧，这里作统一的阐述。

1. 心理调适的技巧

竞赛类演讲包括主题演讲比赛，其心理调适的目标是将训练水平有效地发挥出来。有些选手对演讲竞赛存在心理负担，造成比赛和训练状态不一致的现象。

常见的竞赛类演讲心理调适的方法如下：

（1）心理暗示

心理学认为，适当的心理暗示，如人们常说的"给自己打打气"，能使行为的稳定性增强。尤其在主题演讲比赛中，心理暗示是使训练水平有效发挥的重要方法。

暗示之一：我是赛场上最棒的人。把自己想象成整个赛场上水平最高的选手，信心百倍地上场演讲。

暗示之二：我能发挥出训练水平。在对竞赛场地和气氛熟悉的基础上，暗示自身能将日常训练的水平正常地发挥出来。

暗示之三：我比上次有进步。此种心理暗示，对自身的实力有着清醒的认识，不苛求取得非常拔尖的名次，只求演讲水平不断进步。

（2）现场调适

第一，赛前。

竞赛前的选手，应好好休息。如果是上午比赛，头天晚上要睡好，不要熬夜；如果是下午或晚上比赛，则中午要保证一定的午睡时间，以呈现出良好的精神状态。

来到现场后，要熟悉场地环境、气氛和演讲竞赛的流程，牢牢记住自己的出场顺序，及时候场，以免出现偏差。自己上场前十五分钟左右就可站立起来，环看四周，走向候场区，进行深呼吸，调整好状态。有条件的话还可快速默述一遍演讲内容。

第二，赛中。

静场。选手在入场后，需要用一定的方式告知、提醒观众"我要开始演讲了"，这个过程被称为静场。静场的方式，有的时候用语句来进行，有的时候用眼神的交流来进行。

开讲。正式开始演讲后，一方面要信心百倍，又要注意适度，自信不是蔑视和无视对手，而是要在尊重对手和听众的基础上，让自身的气场变得更强大。另一方面，要亲切自然，珍惜每一次向观众们传递信息和观点的机会，始终将现场的观众当成自己服务的对象。

应急反应。在场上演讲的过程中，有可能出现错词或记忆模糊的情况，此时千万不要慌，而是要冷静地应对。一般来说，讲错的字句，只要不导致歧义，就应该继续讲下去。若出现记忆模糊，不要长时间的停顿，而应冷静理清一下思路，把记得的内容顺利地先讲下去。

第三，赛后。

竞赛类演讲的评分主要是在比赛场上的表现，但一些细节也可能导致评分的变化。因此，上场前、在场上和下场后的一举一动都应当注意，应该有礼有节。如果竞赛场上成绩不够理想，不要埋怨，胜败乃兵家常事；如果成绩已经比较理想，则需要"百尺竿头，更进一步"的学习态度。无论得到什么分数，都能在比赛过程中找到自身提升的空间。有条件的选手，可以根据自身录像或录音的资料进行思考，查找自身存在的问题，为下一次取得更好的效果打下基础。

2. 设备运用的技巧

第一，话筒的使用技巧。话筒在演讲中起到了扩展音量和改善音色的作用。合理地运用话筒，对选手演讲效果的提升具有重要的实际意义。一般来说，嘴唇距离话筒8～10厘米比较合适，但也应视现场具体情况而定，大体原则是最有效地保证话筒的扩音效果，但不会喷话筒。

第二，其他设备的现场调适。比赛前应到现场的音响工作间，与灯光师、音响师沟通，进行适当的设备调适。如果比赛使用立式话筒架，则在赛前一定要确定好立式话筒架的放置高度，并及时和工作人员沟通好演讲比赛时话筒架摆放的位置。如果要使用多媒体设备，应该提前到现场调试好。

二、辩论演讲技巧

20世纪90年代以来，辩论类的演讲活动已逐步成为广大高校的传统项目。辩论比赛既可以活跃校园文化气氛，增强学生团队意识，又可以激发学生拓展知识的积极性，增强思辨的意识和能力，特别是在演讲的规定动作和自选动作方面均能得到有效的锻炼，因此深受大学生的喜爱，辩论演讲也因此成为竞赛类演讲的主要方式之一。

（一）辩论演讲的特点

辩论是由两方或两方以上的人因对某个问题产生不同意见而展开的面对面的语言交锋，包括法庭辩论、外交辩论、赛场辩论，以及每个人都曾经历过的生活辩论等。墨家经典《小取》云："夫辩者，将以明是非之分，审治乱之纪，明同异之处，察名实之理，处利害，决嫌疑焉。摹略万物之然，论求群言之比。以名举实，以辞抒意，以说出故。以类取，以类予。有诸己不非诸人，无诸己不求诸人。"可见，自古以来，辩论不仅仅只是一个名词概念和语言技巧的较量，更是一种追求真理、批驳谬误、明辨是非的思想活动。古希腊学者亚里士多德有一句名言："吾爱吾师，吾更爱真理！"作为竞赛项目，辩论演讲较之命题演讲更难些，它的基本要求是：立场鲜明、观点正确；逻辑严密、用语精当；反应敏捷、应对灵活。它以深邃的思想给人启迪，以妙语连珠、激烈对抗的场景，给听众高层次的领悟和享受。

庄子和朋友惠施在濠水的一座桥梁上散步。庄子看着水里的鱼说："鱼在水里悠然自得，这是鱼的快乐啊。"惠子说："你不是鱼，怎么知道鱼的快乐呢？"庄子说："你不是我，怎么知道我不知道鱼的快乐呢？"惠子说："我不是你，固然不知道你；你不是鱼，无疑也没法知道鱼是不是快乐。"庄子说："请回到我们开头的话题。你问我'怎么知道鱼的快乐'这句话，这就表明你已经肯定了我知道鱼的快乐了。"（《庄子·秋水》）

两位辩论高手，同游于濠水的一座桥梁之上，俯视水中的鱼，引起联想，展开了一场"人能否知鱼之乐"的辩论。其题虽小，而其旨甚大。除了第一句用叙述语略作交代外，通篇采用对话形式。两人一句接着一句，采用以子之矛攻子之盾的方法，顶针式地将这场辩论深化。庄子肯定人能知鱼之乐，惠施则否定人能知鱼之乐。且不说辩论双方谁是谁非，光两人在辩论中所反映出来的敏捷思路，就使人应接不暇，睿智的谈锋令人拍案叫绝，丰富的奇想更能启人遐思。从这个小故事中我们也能看出辩论演讲的特点：

1. 观点的对立性

辩论各方的观点必须是截然对立的或至少是有明显分歧的。没有对立便没有辩论。辩论演讲中，辩论者既要千方百计地证明自己观点的正确性，又要针锋相对地批驳对方的观点，并使对方最终承认自己的观点。

正方：相处容易相爱难

反方：相爱容易相处难

正方：青年成才的关键是自身能力

反方：青年成才的关键是外部机遇

正方：合作比竞争更能使文明进步

反方：竞争比合作更能使文明进步

2. 思维的机敏性

辩论演讲是语言的艺术、思维的艺术。由于辩论在许多时候打的是无准备之战，在唇枪舌剑的战斗中，双方思维的紧张程度不亚于短兵相接。语言信息的传播与反馈比起一般的会话更快，因此，辩手既需要明察对方的策略，又要应付对方的"明枪暗箭"，而这一切往往来不及深思熟虑，都得临场发挥，所以辩手必须具备敏捷的思维能力、高度的判断能力和机智的语言应用能力。

《三国演义》第四十三回中，诸葛亮就是巧借逻辑的雄辩力量"舌战群儒"而使吴主孙权主战的。诸葛亮先用刘备"博望烧屯，白河用水，使夏侯惇、曹仁之辈心惊胆裂"的战绩作反驳论据，驳斥了江南"第一谋士"张昭所谓"曹兵一出，弃甲抛戈"的虚假论据。接着列举汉高祖刘邦出身卑微，然而击败了秦国许多名将，围歼了"霸王"项羽，"终有天下"，驳倒了儒生陆绩的"织席贩履之夫"刘备不足与相国后裔曹操抗衡的论题。最后，诸葛亮用"必有一假"的矛盾律，指出了匡扶宇宙之才"必按经典办事"论题的虚伪性，使那些"江东英俊"或是"默默无语"，或是"满面惭愧"，或是"低头丧气而不能对"，从而揭开了"赤壁大战"的序幕。

3. 论理的攻击性

辩论是不同观点的碰撞，是"破"与"立"的辩证统一。它以征服为目的，或者征服对方，或者被对方征服。辩论时，辩手一方面要使自己的观点正确、鲜明，论据有力，战术灵活适当，使己方坚如磐石，令对方无懈可击；另一方面要善于从对方的阐述中寻找漏洞，抓住破绽，打开辩驳的突破口，使自己立于不败之地。

辩题：知难行易/知易行难（第二届国际大专辩论会总决赛）

正方：南京大学队 知难行易

反方：辅仁大学队 知易行难

反方一辩：如果按照对方所说的知难行易，那原则出现后接下来的步骤应该是很简单的。那么，两千年前柏拉图告诉我们一个"理想国"的境界到今天为什么还没有出现？

正方二辩：对方辩友，那是因为我们还没有找到达到理想国的正确的方法和途径，还是知之不深呀！对方辩友刚刚又说，知识很容易学，那么我们又请问对方辩友了，这世上有没有外星人呢？我们怎么样和外星人去做朋友呢？

反方三辩：对方说（实现）"理想国"是没有方法，那马克思早就说过建设共产主义的理想和实行步骤，为什么仍然需要致力改革？中国为什么现在还处于"社会主义的初级阶段"？

正方三辩：对方辩友，难道您没有看到吗？在我们提出改革的正确策略和方法后，中国17年的改革可是取得了巨大的成就啊！我想请问对方辩友的是，大观园里的林妹妹喝了那么多参汤补药，也治不好她的肺病，可是今天痨病能治，绝症不绝，请问这不是"知"的功劳，难道还是"行"的功劳吗？

（二）高校辩论常见赛制及辩位分析

1. 高校辩论常见赛制

目前，高校最为流行的辩论形式是各种赛制的大学生辩论赛。赛场辩论最能锻炼大学生的思维能力、应变能力和表达技巧。辩手们通过辩论，才华得到了充分的展示，人们在激烈幽默的舌战欣赏中，获得知识，受到教育，开拓思维，因而辩论赛越来越受到大学生的喜爱和欢迎。

当前比较常见的高校辩论赛制，分为开门见山、步步为营、华山论剑、短兵相接和一锤定音五个阶段，分述如下：

第一，开门见山，即立论陈词阶段。双方各自阐明自身的立论观点。正方首先发言，时间3分钟，短哨声提前30秒提示，长哨声结束发言。然后，反方发言，时间3分钟，短哨声提前30秒提示，长哨声结束发言。

第二，步步为营，即攻辩阶段，有时也称为盘问阶段。双方试探性地进行提问，一般情况下，回答方不能反问。反方二辩分别向正方一、四辩提问，每一轮攻辩时间共计1分30秒，提问时间30秒，回答时间1分钟。然后，正方二辩分别向反方一、四辩提问，每一轮攻辩时间共计1分30秒，提问时间30秒，回答时间1分钟。最后，反方二辩作攻辩小结，时间1分30秒，正方二辩作攻辩小结，时间1分30秒。双方各自以对应裁判长哨声终止发言，一般是短哨声提前10秒提示，长哨声结束发言。

第三，华山论剑，即双方三辩的对辩阶段。双方三辩各2分钟时间发言，正方先开始提问，短哨声提前10秒提示，长哨声结束发言。

第四，短兵相接，即自由辩论阶段。正方先发言，双方轮流发言，双方各4分钟发言，各辩位均可发言，短哨声提前30秒提示，长哨声结束发言。

第五，一锤定音，即总结陈词阶段。双方四辩各自总结己方观点。反方四辩先发言，时间4分钟，短哨声提前30秒提示，长哨声结束发言。接着，正方四辩发言，时间3分钟，短哨声提前30秒提示，长哨声结束发言。

2. 辩位分析

为了达到辩论的最佳效果，专家们总结出辩论整体配合中的"起承转合"原则，如"4∶4"辩论阵式，4位辩手的辩词，分别为"起承转合"。"起"就是开题，即阐明己方的基本立场和观点。"承"就是深化，即从特定角度展开论述己方的核心观念。"转"就是反驳，即反驳对方观点，并在确凿材料的基础上进一步发挥己方的立场。"合"就是总结，即把己方的所有观点放在一个新的高度加以概括，并对对方的观点进行总体反驳。当然，"起承转合"只是一种程式，在具体的内容设置上，四位辩手可以明确分工，例如一辩侧重逻辑，二辩侧重理论，三辩侧重事实，四辩则侧重价值分析，这样才能使"起承转合"发挥更大的作用。

在整体的配合中，不同的辩位对辩手的要求也是不同的，下面结合最常见的攻辩赛制，对辩位进行基本的介绍：

（1）一辩

赛场上，一辩主要参与开篇立论和自由辩论两个环节。

一辩的首要任务是开篇立论，即通过平实、生动、富有层次的语言，确立己方辩题的概念内涵、内在联系、基本形态和逻辑框架，并辅之实例加以论证。

一辩稿是大家集体努力的结晶。一辩稿应该是在充分了解立论精髓、明晰己方观点的基础上写的。一辩稿要提纲挈领，做到条理分明、观点清晰、体系完整，既要让听众和评委了解本方主要观点，又不能把话讲得太直太透，以免过早暴露本方的战略意图，给对方提供辩驳的可乘之机。

反方一辩在此基础上，还要先行驳论，时间是30秒左右，要求善于提炼对方主要观点，并进行简要反驳。

自由辩论中，一辩需要主动回答对方攻击己方逻辑框架的问题、定义性问题和底线性问题；当己方的辩论掉进对方的陷阱时，一辩要保持清醒的头脑，及时把辩论拉回轨道；当争论方向偏斜，问题苦争不下时，一辩还要负责及时转移话题、转换"战场"；当己方在场上表现出急躁或是气势被对方压住时，扭转场上局面的重任也会落在一辩的身上。所以，对一辩的要求是：风格稳健，头脑冷静，总结能力和表达能力强。

辩题：××大学男生/女生更幸福

正方：××大学男生更幸福

一辩立论：李亚静

尊敬的主席，对方辩友，各位观众：

大家下午好。在阐明我方观点前，我们先要弄清一个事实：幸福与不幸福相依而存，故今日我方虽认为男生更幸福，并不意味着男生就没有不幸福的事，就好比说，在××大学女生为受到男生拒绝而痛哭流涕时，××大学男生也总是会为如何拒绝新的追求者煞费苦心呐。故，今日，我们应立足比较，在权衡中判断两者谁"更"幸福。

那么，首先，幸福是什么，字典上的解释是，心理欲望得到满足时的愉悦的心理状态。下面，我方就将立足××大学男女生心理诉求与其相应满足情况，剖析为什么男生更幸福。其一，生活条件。进入大学之前，我们对大学宿舍的畅想是这样的：有桌有床，无线上网，花园小区，夏天乘凉。进入××大学的第一学年，我们却发现，男生的这一梦想，基本实现；而反观脆弱的女生呢，一入宿舍深似海，九人的大寝室没阳台，身处蟑螂小强一行行。在此，我也要替幸运的××大学男生向各位悲剧的女生致歉，并不是我们缺少绅士风度，实在是学校资金有限，寝室难以扩建，而女生，人数众多，只好集体推迟享福时间！

其二，恋爱条件。进入大学之前，我们对大学恋情的设想是，百花齐放任君选。进入××大学，我们却发现，这男生是日渐吃香，女生是日渐抓狂。探究个中详情，不看数据不行，据我方来自数计学院两位队友的专业统计，××大学男女比例达到了一比六，自然是哥哥找妹不用愁，妹妹找哥眼泪流。这一边是赢得美人归，一边是西风凋碧树。谁更幸福，睿智如在座各位，想来也是一目了然了吧！

最后，深造条件。大体来讲，××大学在招生上对男女生还是很平等的，但是，国防生这一大门，却始终没有向广大女生敞开。这就使××大学的男生们比女生更多了一种发展方式，于是，只见兵哥哥，不见兵妹妹，这一压抑女生们报国热情的政策在让广大女生心寒的同时，却使男生多了一种光荣优越的使命感：一不小心落进了××大学，生活舒心愉快，军营向你打开。做男生，挺好的！

辩题及其相应的立场是辩论的出发点和归宿，对辩题的理解和把握直接关系到据此制订的辩论方案的质量，这就要求在辩论前正确而完整地审立辩题。辩题的审立包括三项内容：一是把握辩题的性质；二是确定辩论的立场；三是建构立论的框架。这一过程中包括了对辩论与立场的理解和诠释，对关键词的分析和定义，对正反双方立场分歧的分析，底线的设计，预测对手立论的思路和可能采取的辩论方案等。当然这些分析工作是交叉反复进行的。特别值得注意的是，对于对立方的辩论方案必须做充分的预测，要站在对方立场上做设计，并据此不断调整本方的"立论"，进而对本方的方案反复调整、分析和优化。

准备中，一辩的任务就是开篇立论，引领全队思路。作为立论的写作者，一辩的思路应当最为顺畅，逻辑应当最为严密，方向应当最为明确。

上面例子中，正方一辩的辩词鲜明地表明了立场："男生更幸福"。在这里，一辩首先灵活省去定义辩题部分，取代以解析"更"字，侧面承认女生也幸福，只是男生更幸福，为己方战场留下余地。接着，围绕"幸福"，立足于"男女生心理诉求与其相应满足情况"，从"生活条件""恋爱条件""深造条件"三个方面，层层深入，论证了"男生更幸福"。在辩论赛中，一辩运用缜密的逻辑思维，构建了严密的理论框架，从而使自己的立论坚实、严谨，无任何漏洞可寻，这是辩论获胜的关键。

当然，双方的立场都是由抽签决定的。比如"金钱是不是万能的"这样的辩题，不管是哪一个队，只要抽到了正方，就得为它辩护，哪怕每个队员都不认为金钱是万能的，也不得不维护这一辩题。这很容易使我们想起斯多葛派哲学家克利西浦斯的名言："给我一个学说，我将为它找到论证。"所以，在辩论中获胜的决定性因素不在于哪一方坚持了真理，而在于哪一方能够在理论上自圆其说，能够表现出高超的辩论技巧，尤其当一个辩论队抽到很不利于立论和发挥的辩题方向时，它的队员不得不采用种种诡辩的手法进行辩论。因此，作为比赛的辩论和历史上已发生的、为探求真理而进行的辩论有着本质上的区别。

（2）二辩

赛场上，二辩主要负责盘问对方一辩和四辩、攻辩小结及自由辩论三个环节。准备中，要求二辩全面猜想对方思路，抓对方薄弱点设定问题。

作为盘问者，二辩需要深入领会立论，根据每一立论观点设置防守问题，择一套盘问，深化立论，要做到论据充实，论证有力，折服评委和听众。作为盘问者，二辩需要猜想对方思路，根据对方观点设置攻击问题，择一套盘问，攻击对方，其余的作为自由辩论问题。二辩所提的问题应当有着内在的关联，如递进关系，还可以设置概念或逻辑陷阱，通过巧妙的设问将对方引向误区。

作为攻辩小结者，二辩的盘问小结必须是根据对方的三个回答所作，不能完全依据事先写好的内容。小结既可以根据对方回答中的概念、逻辑、语言表达和实例举证方面的错误和漏洞发起攻击，又可以利用盘问成果来巩固和强化己方立场，因此，对二辩的要求是：应变能力强，写稿能力强。

自由辩论中，二辩还需要主动回答对方攻击己方逻辑框架的问题、机动性强的事例型问题和攻击性问题。

在盘问阶段，一辩和四辩都要回答对方二辩提出的问题。回答时，答辩方不能反问或反驳，而回避和强词夺理都会失分，所以，要求辩手要通过巧妙的语言，既正面、完满地回答对方的盘问，又将之引入本方的逻辑框架中，这需要智慧、镇静和开阔的思路。

（3）三辩

赛场上，三辩主要负责三对三攻辩和自由辩论。

在准备中，三辩除了参与立论、找论据，更重要的任务就是准备问题，包括攻辩环节的问题和自由辩论的大部分问题。攻辩的问题尤为重要。设问要有技巧，问题不应让对方有太大的发挥空间，不应该问"为什么""怎么样"等问题，这些问题实际上是在为对方提供机会反复解释他方观点。所以，问题的答案应该是"是"或"不是"，并且三辩要非常清楚问题的"正确答案"。问题之间最好环环相扣，最后，让对方要么自相矛盾，要么否认他方观点。设计问题的方法一般是先想出大量自由辩论的问题，然后从中挑出有相互关联的问题或是选择一个较好的方向发展成相呼应的攻辩问题。

在回答问题时，三辩要留意不要掉进对方的陷阱，尽量将话题引到己方观点进行阐述。在不明了对方意图时，可以先简短回答，对方一般是在最后一个问题亮出意图，三辩这时应当阐述己方观点或是反驳对方。

作为攻辩者，三辩在自由辩论中主要负责攻击。三辩可以说是队中的狙击手，既要时时注意找出对方漏洞进行攻击，又要协助防守，回击对手的攻击。漏洞包括对方的逻辑推论是否有问题，所举事例是否切合辩题。还击时，要求应变迅速，反驳简洁有力，视情况而定是否追击对方漏洞或助推本方"战场"。有大的漏洞的话可以连续追问，一般三次左右已足以引起大家注意。主动推"战场"时，三辩需在赛前准备攻辩思路，组织好提问材料，可设计成套问题主攻对方逻辑或设计事例问题要求对方解答，对方反驳后，及时反驳对方并收束己方，升华观点。所以，对三辩的要求是：有气势，反应快，逻辑能力强。

（4）四辩

赛场上，四辩主要负责自由辩论及结辩。准备中，要求始终领会讨论大方向，并可根据己方和对方的主要论点进行总结和反驳。

一场辩论赛，特别是在双方实力相当时，一份出色的总结陈词往往能奠定最后的胜利。作为总结者，四辩首先要做到善于把握赛况大局，迅速总结己方与对方主要交锋点，即一方面对己方的观点进行全面总结，巧妙地强化、补充、修正和完善本方的观点，另一方面要选择有利的条件，透彻尖锐地指出对方观点中的谬误、矛盾与不合理之处。驳论部分，要求四辩的回击深刻有力，最好可以由此及彼，谈回己方观点，边破边立。总结的目的是为了提高，即把己方的所有观点放在一个新的高度加以概括，然后对对方的理论和观点进行总体反驳。立论部分，不可原意转述一辩立论，需结合赛况对主要观点加以强调，并提升至价值观等高度，升华己方立论，争取观众。

自由辩论往往是由四辩发起攻击。四辩需要主动回击对方扭转讨论方向的问题，把队友引回正确的攻击方向，在抓对方漏洞时不能拘泥于个别词句，而应该站在全场辩论赛的高度上，宏观地把握对方立论中的致命漏洞。在自由辩论中，四辩还要控制发言的次数，时刻保持清醒的头脑，并为后面的总结陈词做好准备。

所以，对四辩的要求是：逻辑概括能力强，有全局观念，语言表达能力强。

辩题：顺境逆境谁轻谁重

正方：逆境更有利于人的成长

四辩结辩：季文浩

听了反方四辩的陈述后，我方觉得对方没有从概念和本质两方面清楚地认识到顺境逆境谁轻谁重。因为今天我们讨论的是一个比较性的话题，而不是一个存在性的话题。我方承认，顺境在某些方面也是有利于人的成长的，但是我方强调逆境更有利于人的成长。接下来，我将从个人成长、价值导向、社会进步三个层面对我方观点做总结陈词。

首先，从个人成长方面看，我们说"逆境更有利于人的成长"，主要体现在以下四点：

· 逆境中的主观能动性。成长是一种发展，发展就要靠动力。逆境给个体的积极发展提供的可能性是：它能够最大限度地激发人的主观能动性，充分发挥人的潜力，心理学上此类情况称为应激。海明威经典作品《老人与海》中古巴老人桑迪亚哥与各种鲨鱼顽强搏斗三天三夜。他的力量从哪里来？正是逆境激发了他的主观能动性。顺境中的安逸对人的影响无法达到如此大的强度。

· 逆境中的可持续性。主体在克服逆境做出努力的同时，必然根据动机，做出相应的自我调整，以达到超越逆境，寻求积极发展的最终目的，这个过程中所做的一切尝试和努力，对于主体长期的乃至一生的发展都是非常有利的，使得他在日后的生存中能够根据克服逆境的经验超越更加困难的"逆境"。

· 逆境中的逆反性。逆境的存在，只对当事人具有意义。对个体成长发挥的作用，也由当事人的表现来决定。当一个人从遭遇逆境到克服逆境、创造顺境时，他已经完成了"顺境与逆境的双重变奏",在这个过程中个体得到了极大的锻炼,实现了更好的成长。

- 逆境的过程性。新课标强调重视学生学习的过程性,即把学习中获得的情感体验、实践经验、个人经历看作学习成果的一部分。在学习的顺境中,学生的心理不会有太大变化,没有强烈刺激也就无法快而深刻地形成记忆。人的成长也是如此,克服困难挫折,冲破逆境的过程就是成长的一部分。如果处于顺境中,就无法产生深刻的变化,无法形成质的蜕变。

其次,从价值导向看,提倡"逆境更有利于人的成长",更有利于社会主义核心价值体系建设,有利于营造良好的人生成长氛围,有利于引领逆境中人才的成长。如果认为顺境更有利于人的成长,无疑是对身处逆境中的人进行了一次严重的打击;而认为逆境更有利于人的成长,这是对身处逆境中的人的一种鼓励、一种关爱,有利于使人们特别是青少年树立正确的人生观、价值观、世界观、成长观。

再次,从国家发展、社会进步的现实角度而言,提倡"逆境更有利于人的成长"有着更大的现实意义。当前我们国家整体上政通人和、人民幸福安康,但相对于西方发达国家而言,我们国家在法制建设、社会保障、生态环保、人才培养等多方面还不完善,同时在社会主义现代化建设过程中没有足够经验可寻,出现困难和挫折在所难免。认为"逆境更有利于人的成长",有利于正视现代化建设过程中出现的问题和困难;有利于我们每个人树立起"国家兴旺,匹夫有责"的历史责任感;也有利于我们国家在激烈的国际竞争和严峻的国内外形势下自强崛起,实现伟大复兴。

系统论有一句名言,整体大于其他各部分之和。辩论赛是有组织的合作行为,不仅要求辩手素质好,表现优秀,而且要求辩手之间合理分工,整体配合,特别是在自由辩论阶段。自由辩论是决定全场胜负最关键的一战,也是衡量、评价辩手素质、辩论队整体配合意识的试金石,因此常常是比赛最激烈、最精彩的部分。

自由辩论时,也应当有粗略的分工,每位辩手根据规定发言的内容划分重点防守和重点进攻的区域。其中四辩仍作为压阵主将,在关键时刻左右局势,使辩论朝着有利于本方的方向发展。这种分工是为了防止万一的冷场而准备的。在真正的临场中,每位辩手应充分发挥各自的才智,积极灵活主动,切不可因为有了分工则不越雷池一步,各人自扫门前雪。

辩手之间应当配合默契。默契来自辩手对本方观点思路的深刻体会和相互之间的充分了解,既要充分了解队友所持的观点,又要充分了解队友的辩论风格及性格,这样才能融为一体,相互补充。默契的形成不是一朝之功,需要一段时间的交流和了解。辩论场上每方是以一队四个人作为一个整体出现的,只有整体的和谐,才会有个人的突出。

(三)常用辩论技巧

辩论是一种应变性很强的语言表达艺术,是语言战,是心理战,更是谋略战,需要运用恰当的技巧,才能取胜。高明的辩论者必须具有多方面的素养,掌握多种有效的辩论技巧,这样才能无辩不胜。

1. 攻其要害

一场辩论往往存在几个焦点，相互联系，相互呼应。辩论的一个重要技巧就是在对方陈词之后，迅速判明对方立论中的要害问题，然后紧紧抓住这一问题，一攻到底，务求必胜。如"温饱是不是谈道德的必要条件"这一辩题的要害就是：在没有达到温饱时，人们能不能谈道德。在辩论中，只有始终抓住这个问题，才能给对方致命的打击。

正方：武汉大学　钱是万恶之源

反方：马来西亚大学　钱不是万恶之源

反方从一辩开题立论起就抓住了本辩题的要害：第一，钱无法全面性地涵盖世间所有的恶；第二，钱不具有源的根本性。

接下来反方二、三、四辩，紧紧抓住这一问题，连连发问。"同样是钱，为什么君子求财却是取之有道，小人求财却是偏偏喜欢偷盗呢？""今天如果钱是万恶之源，为什么有人会用万恶之源来行善呢？""今天我为了钱，奉公守法赚钱，但是与此同时帮助国家成长，是善是恶呢？如果这个万恶之源一时为善，一时为恶，那它怎么还会是万恶之源呢？"

正方由二辩将"万"界定为"很多"，并非为一切，"钱是万恶之源，就是说钱能够产生数量极多而且品种繁复的恶行"。正方在策略掌握上由二辩点出，失了先机。而反方一开始就把金钱和贪念划分开来，认为金钱和贪钱的念头不是一回事，钱不会产生恶，而是人性的贪念产生了恶，更何况贪钱本身也不会产生一切的恶行。爱情、名利乃至口腹之欲而带来的恶行，也是恶行，并不是钱带来的。但是正方坚持强调每一个例子后面都有钱的因素。虽然正方妙语如珠，能言善道，但是最终，评委裁定：反方胜出。

在辩论中，无论一方准备得多么充分，论题对其多么有利，一旦进入实战，其立论的指导思想及其具体辩词都难免暴露出根据不实、难以自圆其说甚至自相矛盾的地方，这就是所谓的破绽。辩手要找出对方破绽中的根本要害处，给以彻底的揭露，再加上猛烈的回击，这样才能取得辩论的胜利。

2. 正面还击

在辩论中，面对对方的提问或者抓住对方语言表达上的漏洞，可以直接予以及时回击，这是辩论中常见的技巧，也是赢得比赛必须使用的技巧。但是，对方漏洞和破绽的出现具有很大的随机性，难以预见，所以需要辩手机敏的反应来捕捉它并及时回击。

反方：复旦大学　儒家思想不可以抵御西方歪风

反方一辩：孔子说："父母在，不远游。"如果照此办事的话我们不就来不了新加坡了吗？何以在这里讨论抵御西方歪风。

正方二辩：对方辩友在这一点上一定在断章取义。《论语》中的下一句是"游必有方"，也就是出门必邀请父母，回来要告诉父母。对方同学又说，儒家文化有阴暗的一面，阴暗的一面当然不可能抵御西方歪风。但是对方同学也说了，儒家文化有它光明的一面，有它可以整治西方歪风的一面，这就是我方要说的。

反方二辩：至于游必有方，游来游去不要成为乌节路上的游离少年呀。如果按照对方同学的思路，儒家思想一个一个疗程来，不知到猴年马月，那个时候，恐怕乌节路上的彩装少年已经变成彩装老年了。那个时候，对方同学何以言谢新加坡，何言以对儒家文化？

众所周知，辩论赛在很大程度上带有表演的性质，所以，在辩论赛中，抓住对方的点滴疏漏，毫不留情地给予各种形式的回击，是最易赢得场上效果的方式。反方一辩抛出一个问题，正方二辩正面抓住这个问题，直接回击。面对正方"游必有方"的回击，反方二辩再次机智地"就地取材"，用当地人非常熟悉的"乌节路上的游离少年"正面回击，赢得观众的掌声。乌节路是新加坡最主要的商业街之一，"游离少年"是新加坡对那些不服管教的少年的总称。这句正面回击，既切中要害又巧妙风趣，可谓"四两拨千斤"。观众也在正方、反方你来我往的还击当中，感受到了语言巨大的魅力。

3. 妙语脱困

在辩论中巧妙地引用古语、名句、俗语、歇后语等，必要时还可以适当"篡改"，能增加语言的表现力和辩论的感染力，并能显得辩手才华四溢，文采飞扬，故格外受到辩手的喜爱。

当然，在自由辩论中，不要急急忙忙把这些妙语抛出去，应该用在己方最困难的时候。面对反方的凌厉攻势，正方武汉大学代表队时不时抛出事先准备的妙语，既可以使语言简洁、幽默，又能透彻说理，赢得评委赞许。

辩题：钱是不是万恶之源

正方：武汉大学　钱是万恶之源

反方：马来西亚大学　钱不是万恶之源

正方三辩：首先，对方告诉大家，万万不可表明一切的意思，您搞错了。万万不可的"万"字是一个副词，我们今天说的万恶之源的"万"字是一个形容词。您把副词和形容词来做类比，是不是叫作把马嘴安到牛头上呢？

正方四辩：钱还没有发明之前，世界上有没有万恶呢？

正方三辩：原始社会到底有没有恶，伦理学上有争议。但是没有争议的是什么呢？是钱产生之后，恶的种类、恶的形式是一日千里，突飞猛进，犹如"黄河之水天上来，奔流到海不复还"。

这一技巧的运用，应当建立在辩手丰富的知识和敏捷的反应能力基础上，这需要辩手在赛前积极准备和充分训练。妙语的使用一定要恰当，"篡改"一定要巧妙，这样才能达到应有的效果。随意乱引、乱改，则给人生吞活剥、莫名其妙的感觉。当然，常言道："美味不可多用。"作为辩论语言调味品的妙语也是如此，用得恰到好处，一语千钧，掷地有声，增添力度；用多了，用滥了，就会惹人生厌，流于肤浅和滑稽。

4. 归谬反驳

归谬法的使用原则是以谬制谬。所谓归谬就是先假设对方的逻辑是正确的，然后推导出荒谬的结论，以此证明对方的错误。这是辩论中常用的反驳武器。很多看来难以攻击的诡辩，一经归谬，会产生"柳暗花明又一村"之感，而且这种反驳往往语言比较幽默，现场效果好，显示了辩手的智慧。

当然，进行归谬反驳时，对方的观点不一定是真的谬误，关键是看辩手如何合理而巧妙地将其引入荒谬的极端，这样，才能让人信服。

正方：武汉大学　钱是万恶之源

反方：马来西亚大学　钱不是万恶之源

正方一辩在开篇立论时说：每个人对于金钱的占有又都是有限的，无限的欲望根本不可能得到满足。正是金钱这种效用无限性和占有有限性之间的矛盾，使它比其他任何物品都更能激起人们心中的非分之想，从而使人迷失良知，堕入邪恶。

反方二辩抓住这个漏洞，马上反击：因为对金钱的追求是无限的，而对财富的占有却是有限的，所以金钱就是万恶之源了？那如果说，我对道德的追求也是无限的，可是我所拥有的道德也是有限的，所以道德也是万恶之源吗？照这样的逻辑，今天健康也是万恶之源，今天，爱情也是万恶之源了。

《三十六计》第二十七计叫假痴不癫，指的是表面糊涂，内心清楚，假装不行动实际上是在暗中策划等待时机。在辩论中，面对谬论，可以假装糊涂，顺着对方的话，引出明显荒谬的结论，形成辛辣的讽刺，从而获得很好的反驳效果。它常常能一句话胜过一大串话，既生动诙谐，又雄辩有力。

当然，辩论是一个非常灵活的过程。辩论中的应对，辩手可以施展很多技巧，可以根据情况以不变应万变，或者以变对变，或者以变对不变。总的来说，辩论中最根本的是，辩手只有将知识积累和辩论技巧珠联璧合，才有可能在辩论中取得好成绩。

单元三　非竞赛类演讲技巧

在非竞赛类演讲中，目前比较常见的是巡回演讲（宣讲会）和即兴演讲。随着大学生社会经历和个人生活的不断丰富，他们有机会参加一些巡回性的演讲活动，如宣讲优秀人物事迹或

模块三　演讲技巧

某个特定的主题等。即兴演讲的场合也越来越多，如表示祝贺、表达感谢、即席阐述见解等。需要说明的是，虽然在竞赛演讲中往往也会有竞赛后的即兴回答问题或即兴表达感言，但由于这时的即兴发言往往是临时的环节和安排，加之国内目前以即兴演讲作为专门竞赛类型的活动比较少见，所以即兴演讲主要还是一种非竞赛类的演讲方式。巡回演讲和即兴演讲都需要相应的技巧予以呈现和配合。

一、巡回演讲技巧

巡回演讲是指巡回性的事迹宣讲。有的巡回演讲是多人从不同层面讲述一个人或一件事，有的巡回演讲是就某一个主题，不同的人从不同的角度进行讲述，形成一个整体效果。

（一）巡回演讲的特点

巡回演讲一般包括事迹发掘、组稿、改稿、排练、首场宣讲和巡回宣讲。巡回演讲中，宣讲就是一种演讲的形式，其具备演讲的一般内涵，但巡回演讲作为政治性、思想性、目的性、实效性十分明确的演讲形式，有着显著的自身特点。

1. 精确

巡回演讲的语言表达力求真实和准确，不需要太多雕饰。

去年夏天的一个晚上，我坐火车去上海。

事迹宣讲在于体现真实性，尽量不将时间抽象地表达为某一天，最好精确到具体时间，此处可修改为"去年夏天，8月16日晚上，我坐火车去上海"。

2. 朴实

巡回演讲一般使用朴实无华的讲述语言，侧重于对真实故事的陈述，朴实的语言更能贴近听众，传递真情，打动人心。

站在教师的岗位上，我常常告诫自己，一定要使课堂真正活起来，一定要让学生真正学有所长。大学生富有朝气、思想活跃、善于独立思考，对新生事物敏感，渴望成才。教学，仅仅有热心和激情还远远不够。怎样才能在课堂上吸引学生？一个老师，既要有生动形象的语言，更要有渊博的学识，才能在课堂上真正打动学生。以前新老师上课要过三道试讲关，即教研室的全体教师听课，系里管教学的主任组织人听课，学校师资科的领导与系里管教学的主任组织人听课，这三道关顺利通过后方可上讲台讲课。我为了能登上讲台上课，记得自己当年就曾边带小孩、边挤时间在家里对着自己的丈夫练习讲课，还对着空教室一遍又一遍地练习讲课。我常担心自己的知识不够用，不能满足学生的求知欲望。（石雪晖《教书育人是我的神圣职责》）

3. 规范

巡回演讲不同于其他的演讲形式，其演讲活动组织要力求严谨、规范。如会场的设置，包括会标、背景板、投影图片、音频、视频和巡回演讲人员的演讲稿等方面，都应庄重、大方。听众的设定也应有针对性，一般是与巡回演讲报告团直接相关的人群。

（二）巡回演讲的准备过程

我们可以将巡回演讲的准备过程总结为"四确定"，分别为：确定形式、确定人员、确定内容、确定时间。

1. 确定形式

巡回宣讲策划之初，对场次、规模、演讲形式等就应有明确、科学的设计。巡回宣讲有的根据宣讲内容制作了PPT，并配有背景音乐；有的报告会在报告团成员宣讲前播放专题宣传片；有的在首场报告中还设计了舞台情景剧等。这些都需要在巡回演讲之前就进行设计和安排。

2. 确定人员

巡回演讲人员的安排讲求"拼盘效应"，使不同的演讲人员能从不同的角度讲述主题，使整个主题内容有立体感。例如某市教育系统进行以"师德"为主题的巡回报告会，安排了17名优秀教师，分成三个组到各个区县进行巡回演讲。在选定人员和分组的时候，主办方注意了巡回演讲人员的性别、年龄、教学科目、边远山区和城市教师的代表等问题，力求使每一场巡回演讲都形成较好的整体效应。

3. 确定内容

巡回演讲的内容应该特别讲究，一方面要能够真实地展示人物或事物的内涵和特色，另一方面选取的素材要生动典型，片言居要。同时，演讲者要对素材进行科学的提炼和合理的安排。巡回演讲稿的统稿，应将巡回演讲稿件涉及的内容融合，将出现重复的内容归入适当的位置。一般同一个情境不出现在两个巡回演讲人员的稿件中。

4. 确定时间

巡回演讲的时间不宜过长，一般整场巡回演讲的时间应该控制在两个小时以内。具体到每位报告团成员的演讲时间，应尽量控制在15分钟以内。因此，演讲稿件的篇幅设计一定要合适，巡回演讲的正常语速一般保持在每分钟180～220个音节为宜。

（三）巡回演讲的技巧

巡回演讲作为一种演讲的形式，其训练要遵循其他演讲训练的一般规律。除此之外，巡回演讲的训练流程主要是"四定"，即定调、定位、定音、定形。

1. 定调

巡回演讲的调主要指演讲者所持情绪基调，或者热情洋溢、豪迈奔放，或者沉稳严谨、细腻深邃，或者低沉哀鸣。

巡回演讲一般整体只用一个主基调，在个人的具体讲述中可以适当地综合应用多种基调，但要注意在讲述中自然合理地进行转换，以求演讲的精细和准确。

2. 定位

巡回演讲人员都有其特殊意义的角色定位，承担着特定内容的宣讲。例如2021年8月的马恭志同志事迹报告会，其报告人员包括永兴县委宣传部部长曹玉春、永兴县洞口学校校长雷华雄、马恭志的女儿马电影、郴州日报社记者李水德和马恭志本人。

一号报告员是永兴县委宣传部部长曹玉春，题目是《身残志坚的文明使者》，她的角色定位是全县文化宣传和文明建设工作的领导者，演讲应该庄重、仁爱、亲和。二号报告员是永兴县洞口学校校长雷华雄，题目是《编外老师马恭志》，他的角色定位是基层教育战线工作者，演讲应该真情、深情，讲述所见所闻。三号报告员是马恭志的女儿马电影，题目是《爸爸的电影情结》，她是先进事迹主人公马恭志的女儿，一个美丽而有朝气的"90后"青年，其演讲应该真挚、谦逊，发挥语言表达优势，生动表达演讲内容。四号报告员是郴州日报社记者李水德，题目是《坚守只为那些渴望的眼神》，作为媒体人代表，其演讲应该融入采访过程中对主人公的深度感受和理性思考。五号报告员是永兴县农村电影放映员马恭志，题目是《我要为乡亲们放好电影》，他是主人公本人，从大山深处走出来的农村电影放映员，演讲应该质朴真诚，以最本真的语态讲述所历所感所悟。

3. 定音

巡回演讲对于演讲人员的音准要求不像竞赛类那么高，实际运用中尽量讲标准的普通话，至少让现场观众能听懂，但不能为了苛求音准让讲述者变得表达不自然。

4. 定形

第一，服装。巡回演讲中，演讲人员一般应当穿正装。特别的演讲人员，如未成年人、少数民族、军警和执法单位工作人员等，服装选择应符合本人的身份和特点。

第二，礼仪。巡回演讲中的礼仪一般要遵循演讲的基本礼仪要求。因现场的特定设置需要，其礼仪也有特定的要求，如向主席台鞠躬、尽量少用手势等。

第三，脱稿。巡回演讲人员应做精细化的准备，一般应实现全脱稿式的演讲。演讲稿可以放在演讲台上，以备不时之需，一般不低头看稿，这样就能更有效地与台下的观众沟通。如果巡回演讲报告团里有年龄较大的同志（一般是五十周岁以上的人），可考虑让其半脱稿演讲。

对于大学生来说，应实现全脱稿式演讲。

巡回演讲过程中经常会有掌声。如果现场出现掌声，可适当停顿。停顿的目的只是礼节性示意，要自然，不能次数过多，也不能影响语意的表达和宣讲的顺利进行。

二、即兴演讲技巧

即兴演讲就是在特定的情境和主体的诱发下，自发或被要求立即进行的当众说话。这是一种不凭借文稿来表情达意的口语交际活动，是一种临场因时而发、因事而发、因景而发、因情而发的语言表达方式。因此，有人把即兴演讲称为"脱口而出的艺术"。

即兴演讲的能力是衡量一个人的文化素养、思维能力的重要标志。现代生活要求我们迅速思考，流利表达，个人的思想只有化作语言在群体之中发挥作用，才能显示其特别的分量和价值。生活中的语言沟通以即兴表达为多，所以，稍加思索就可即兴发言的能力，比经过精心准备方能登台演讲的能力更加重要。

（一）即兴演讲的特点

即兴演讲是没有任何准备的临场发挥，具有独到的特点：

1. 即兴而发、针对性强

因为没有事先准备，所以即兴演讲者要善于临时捕捉现场情景，抓住某种事物或者现象进行联想和发挥。演讲者在构思初具轮廓之后，应当注意观察现场和听众，摄取与演讲主题有关的人物或者景物，因地设喻，即景生情，加以阐述。话题的选择角度宜小，内容宜集中，议论求准求精，显示其鲜明的针对性。

2. 语言精练、直陈己见

即兴演讲不是即兴乱说，手中无稿不是心中无谱、不着边际地胡扯瞎说，既不合逻辑，也不会成功。因此，必须围绕主题来归纳观点和使用素材。另外，即兴演讲是在有限时间内对现实话题所做的迅速反应，所以一般是直截了当地表明自己的观点，褒贬分明，态度明朗，尽量不要绕弯子。

3. 情感激发、使用面广

即兴演讲的突出特点是以情动人，情感激发是即兴演讲取得成功的重要因素。情感激发既能使演讲者产生强烈的表达欲望，还能强化演讲主客体的双向交流，使演讲者情感上得到鼓舞，听众情感上得到满足。

随着人们交际范围的日益扩大和群众演讲水平的提高，即兴演讲已经越来越广泛地应用于答记者问、观后感、来宾发言、欢迎致辞、婚事贺喜、丧事悼念、宴会祝酒等场合。对于教师而言，在主题班会、迎新仪式、毕业典礼、节日联欢等场合，即兴演讲也有广泛的运用。

（二）即兴演讲的模式

即兴演讲难度大、要求高，最容易思维混乱。因此，即兴演讲在思维的敏捷性、语言的逻辑性方面都有很高的要求。出色的即兴演讲虽无充分准备，但演讲者能神态自若、侃侃而谈，其睿智的思想和幽默的语言，让人羡慕，令人倾倒。为了保证即兴演讲的成功，有经验的演讲者常常会使用某种格式化的框架作为构思的依据，使自己的语言按照符合人们认知规律的逻辑方式表达出来。

即兴演讲的模式构思法即以一个基本模式框架作为快速构思的依据，使即兴演讲既符合人们的思维习惯，又能把信息传达清楚，话题集中。

1. 卡耐基的"魔术公式"

某企业职工宿舍楼新近铺设了煤气管道，家家安装了煤气灶。一次全体职工大会结束时，经理突然想起安全使用煤气很重要，请总务科长讲一讲。大家着急离开，不是很愿意听。总务科长说："我没什么要说的，只想讲一条新闻。我看《××晚报》有这样一条消息：一位纺织女工忘了关煤气阀门，晚上下班回来家里煤气很浓，她一边关阀门，一边顺手抽脖子上围的尼龙纱巾。就那么一抽，引起了一场惨不忍睹的大爆炸。可怜这位三十多岁的妇女被炸得血肉横飞，命归西天。房顶炸了个大窟窿，周围邻居也死伤一大片。其实呢，抽尼龙纱巾也只冒出了几个静电火花，可一个小动作就送了几条人命，所以使用煤气万万不可大意！"这时，大家都急切地要求他讲一讲安全使用煤气的问题。于是总务科长娓娓道来，据实言理，完成了一段精彩的即兴讲话。

戴尔·卡耐基利用大量普通人不断努力取得成功的故事，通过演讲和出版书籍唤起了无数迷惘者的斗志，激励他们取得了辉煌的成功。一般来说，说服听众是很困难的。为了解决这一困难，1930年卡耐基组织专家、教授、学者进行研究，经过长时间的讨论，找到了一个符合心理学法则又能引导人们行动的说话结构，即"魔术公式"。卡耐基认为"魔术公式"是"讲究速度的现代最佳演说法"。具体来看，其要点有三：

第一，尚未涉及演说核心内容前，先举一个具体的实例。演讲者可以从举例的细节讲起，谈谈能生动地说明观点的事情。当然，例子的选择要注意两点：一是讲的故事要短小精悍，并且具有趣味性或者新闻性；二是故事的内容要和演讲主题一致，提出的问题要和演讲的目的吻合。

第二，用格外清楚而简明的语言，叙述演讲的主旨和要点，明确而具体地告诉听众应当如何做。

第三，说明理由，进行分析，即简要地归纳听众按要求去做之后将得到哪些进展和益处。

简言之，"魔术公式"的要点就是对所希望达成的目的，采取集中攻破的方式来处理。不管演讲者讲的是什么，都要直截了当，言简意赅，这才是听众需要的。

2. "三么"模式

有关注意交通安全的即兴演讲可以采用"三么"构思模式。"是什么":今天,我要讲的问题是交通安全问题,我们要保障交通安全,减少交通事故。

"为什么":交通安全很重要,它关系到人民生命财产的安全,这不是一个可讲可不讲的问题。造成交通事故的原因有以下几点:……从各个角度举几个典型事例。

"怎么办":我们要这样做。

在即兴演讲前短暂的准备时间里,演讲者要快速思考三个最基本的问题,即"是什么""为什么""怎么办"。"三么"模式开门见山地用直言肯定句式提出自己的见解主张,这个直言肯定句式,即"是什么",这是全篇演讲的中心;接下来,适当阐发后,从正反两面发表议论,并以适当的事例名言作佐证,即"为什么";最后提出具体行动方案,即"怎么办"。

3. "三点归纳"模式

说到师德,许多选手都引用了一个传统的比喻:教师像蜡烛一样,照亮了别人,燃烧了自己。这种崇尚奉献的"蜡烛精神"固然可贵,但如果我们当老师的都把自己烧尽了、毁灭了,何以继续照亮别人呢?新世纪的教育不仅需要"蜡烛精神",更要呼唤"路灯精神":像路灯一样不断"充电",给每一个黑夜带来光明;像路灯一样忠于职守,见多识广;像路灯一样不图名利!

以上内容节选自某次教师节的即兴演讲。演讲者参加各类活动时要养成边听边想的习惯,随时注意用"三点(要点、特点、亮点)归纳"的方式进行思考,随时做好即兴演讲的准备。具体来看,"三点"包括:归纳前面演讲者的要点;提取前面某个或某些演讲者的特点;捕捉前面某个或某些演讲者的亮点。一般而言,总结性即兴演讲可综合运用"三点归纳"模式。

4. "链条形"模式

即兴演讲《我们需要挫折》的结构主线是:挫折是宝贵的经历。小时候我的理想是成为一名科学家,结果高考失误,我没有考上理想的大学和专业,我感到失望、痛苦;在新的学校,老师的教导、同学的帮助让我感到前行的力量;在现实生活的启迪下,我摆脱了理想受挫的痛苦。

"链条形"构思模式又称演讲的线形结构模式,它是延展性思维的体现。这种模式的特点是先确定演讲的主旨,以此为"意核",作为导向定势,通常为"开篇首句"。然后,句句紧扣意核(首句),单线纵向发展,形成一条环环相扣的链条。如新年伊始,同学们聚会联欢,有人突然提议让你说几句,你可以迅速定好这样一个链条:第一,同学情谊非常珍贵;第二,与同学们见面很高兴;第三,学生时代美好的回忆;第四,今天愉快的相聚;第五,将来的展望。演讲者可以根据这个框架,调动自己各方面的知识储备,选择事例,边想边讲,遣词造句，积句成段，布局成篇，整篇即兴演讲也就完成了。当然，既定的顺序也可以随着临场的情景和心境的变化而随机调整，但是，在演讲中，不论时间长短如何，不管材料组织如何，都要注意整体结构的逻辑性。

（三）即兴演讲的思维训练

成功的即兴演讲，与其说是嘴巴上的功夫，不如说是大脑思维的功力。口语表达是思维的外化和工具。思维是语言的内容，没有思维就没有语言。语言表达过程实际上就是把思维结果表达出来的过程，说话的过程就是从思想向言语转化的过程。考虑话该怎么讲，是一种思维活动，尤其是即兴演讲，更是一个机敏的思维过程。思维能力强是即兴演讲获得成功的必要条件。这主要表现为：思维的选择性和创造性制约着语言活动，思维的内容决定了语言表述的意义，思维的质量决定着语言表达的效果。

要提高即兴演讲的能力，就要从提高思维的能力做起，以适应即兴演讲的基本要求。恩格斯说："思维是人类的花朵。"只有平时悉心浇灌、培育这朵"智慧之花"，才能把即兴演讲装扮得"绚丽多彩"。具体来说，要注意从以下几个方面进行思维训练：

1. 启迪快速思维

表演艺术家常香玉舞台生涯五十年庆祝会上，谢添对作家李准来了"突然袭击"，要这位"语言大师"用几句话说哭常香玉。那天大家都很高兴，常香玉也一再催促。李准推辞不掉，就说："香玉，咱们能有今天，真不容易啊！论起来，您还是我的救命恩人哩。十来岁那年，跟着逃荒的难民到了西安，没吃没喝，眼看人们都快要饿死了，忽然有人喊：'大歌唱家常香玉放饭了！河南人都去吃吧！'人们一下子都涌去了。我捧着一大碗粥，泪往心里流。想，日后见了这个救命恩人，我得给她叩个头！哪里想到，后来，您蒙冤挨整，被押在大卡车上游街，我站在一边，心里又在落泪——我真想喊一句：让我替替她吧！她是俺的救命恩人哪！……"李准没说完话，常香玉已泪水滚滚而下了。

事先没有准备，临场发挥，这需要演讲者具有一定的快速思维的能力。所谓快速思维即快速组织语言，实际上就是快速创作、打腹稿的过程。这个过程需要快速思维、反应灵活、随机应变。快速思维的能力包括敏锐的观察力、丰富的联想力、较强的记忆力和迅速的组合能力。

平时可以采用一些方法提高自己的快速思维能力。首先，通过快读书进行锻炼。拿到一本书后，限定自己在一个小时内看完。那么最好的办法就是快速翻阅，重点阅读每段的开头句和结尾句，并结合序言和目录，最终了解清楚该书的主题思想。其次，可以通过快预测进行锻炼。在聊天、看电视、看书时，可以预测某人下一句说什么，故事下一个情节是什么等。最后，还可以通过快辩论进行锻炼。经常和思维清晰、反应较快的人就某个话题展开辩论，也可以自辩，就一个观点自己充当正反角色来自我对辩。通过一段时间的有意识训练，我们的说话、辩论就能很快进入状态，快速思维的能力也能明显提高。

2. 启迪逆向思维

《列子·天瑞》中讲述了这样一则故事：杞国有个人，担心天崩塌下来后他将无处藏身，因此愁得整天觉也不睡，饭也不吃。后来就用"杞人忧天"比喻不必要的或无根据的担忧。凡听了这个故事的人，都会以嘲笑回报"杞人"，认为他的行为荒诞、滑稽。

如用现代人的思想和观念来看待"杞人"，他的这种"忧天"称得上是"居安思危"，有着浓厚的忧患意识，这种精神应该得到我们的肯定和赞扬。和"杞人"相比，那些怀着天塌下来高人顶着，事不关己、高高挂起，各人自扫门前雪、不管他人瓦上霜的心态的人，的确有失现代人的身份了。

目前，环境保护已成为一项世界性的全民行动。让我们多具备一些"杞人"的忧患意识，忧忧天，忧忧地，保护好我们赖以生存的家园——地球！

逆向思维是指克服思维定势，从问题的相反方向进行思索，即敢于提出与众不同的见解，敢于破除习惯的思维方式和传统观念的束缚，跳出因循守旧、墨守成规的老框框，大胆设想，标新立异，发前人之未发，化腐朽为神奇。

上文采用逆向思维的方式，从成语"杞人忧天"阐发出与之相反的论题，古语今用，富有创意，立意奇巧，论据充分，说服力强，读后给人以警示和教益。

逆向思维是一种反弹琵琶式的思维模式。它鲜明地表现为独立思考和对传统的批判精神，但要注意：立论要经得起推敲，观点必须持之有据，能够自圆其说。运用逆向思维要有新意，要敢于表达意见，但并不是说我们可以无根据地怀疑一切、否定一切。有时，"反其意而用之"只表现为局部范围的补充、发挥，并不一定要全部推翻原来的观点。

3. 启迪发散思维

世间事物往往是多层次的、多方面的，正如苏东坡诗中所言："横看成岭侧成峰，远近高低各不同。"面对复杂的事物，我们也要多角度地观察，多层次地思考。

发散思维要求从多种方向、多重角度、多个途径分析和解决问题，其特点是闻一知十，触类旁通。例如对于"滥竽充数"这个故事的理解，主要角度有：第一，南郭先生不学无术，冒充内行的做法应该受到指责；第二，齐宣王好大喜功，讲排场，不管有无本领，一律吃大锅饭的做法应该废除；第三，齐湣王不墨守成规，改"必三百人"为"一一听之"，这种改革精神实在可嘉；第四，尽管南郭先生吹竽的本领不高，但当改革大潮冲击到他的身上时，他一不哭闹阻止改革，二不托人说情求照顾，而是自动离开，这种急流勇退的精神还是可取的；第五，南郭先生不会吹竽却能长期在乐队里混，队长和其他队员也有责任，不能互相监督，使之长期未被发现，不能互相帮助，提高他的吹竽本领，致使他落荒而逃，这种既不忠于王又不重友情的做法应受到指责。

联想思维是发散思维的重要表现形式之一。丰富的联想可以使即兴演讲旁征博引，内容丰富。联想思维通常表现为事项之间的跳跃性连接，形成接近联想、类似联想、对比联想、因果联想等。在上述事例中，陈毅通过类似联想和对比联想，引用古代"信陵君窃符救赵"的典故和美国援华军事代表团的事例，告诫志愿军战士要继承中华民族传统美德，发扬国际主义精神，不能居功自傲。正是这丰富的联想，把抽象的道理说得生动、形象。所以，联想会将令人感到意外的事物联系起来，从而产生奇特的设想，或者给问题的解决带来意外的暗示。当然，联想不是瞎想、乱想，想象中应带有逻辑的必然性。

4. 启迪纵深思维

一位在中国某医院任职的教师给学生演讲时，先以一则小故事引入：

在暴风雨后的一个早晨，一个男人来到海边散步。他一边沿海边走着，一边注意到，在沙滩的浅水洼里，有许多被昨夜的暴风雨卷上岸来的小鱼。它们被困在浅水洼里，回不了大海了。被困的小鱼，也许有几百条，甚至几千条。用不了多久，浅水洼里的水就会被沙粒吸干，被太阳蒸干，这些小鱼都会干死。男人继续朝前走着。他忽然看见前面有一个小男孩，走得很慢，而且不停地在每一个水洼旁弯下腰去。他在捡起水洼里的小鱼，并且用力把它们扔回大海。这个男人停下来，注视着这个小男孩，看他拯救着小鱼们的生命。终于，这个男人忍不住走过去说："孩子，这水洼里有几百几千条小鱼，你救不过来的。""我知道。"小男孩头也不抬地回答。"哦？你为什么还在扔？谁在乎呢？""这条小鱼在乎！"男孩一边回答，一边拾起一条鱼扔进大海。"这条在乎，这条也在乎！还有这一条、这一条、这一条……"

教师讲完了这则小故事，满怀深情地说道："今天，你们在这里开始大学生活。你们每一个人都将在这里学会如何去拯救生命。虽然你们救不了全世界的人，救不了全中国的人，甚至救不了一个省一个市的人，但是，你们还是可以救一些人，你们可以减轻他们的痛苦。因为你们的存在，他们的生活从此有所不同：你们可以使他们的生活变得更加美好。这是你们能够并且一定会做得到的。"

这位教师在演讲中对一个富有哲理意味的小故事进行了由此及彼的引申，形象地阐发了医学院学生应树立的高尚的职业道德，升华了演讲的主题，使演讲具有一种隽永的感召力。

纵深思维是从一般人认为不值一谈的小事，或无须作进一步探讨的定论中，发现更深一层的被现象掩盖着的事物本质，即"透过现象看本质"。其思维特点是：从现象入手，从一般定论入手，使思维向纵深发展。

纵深思维训练能帮助演讲者更好地提炼演讲的主题。确定了演讲的主题，犹如掌握了军队的统帅权。正是主题将原来散乱的素材组织成井然有序的演讲稿。演讲应有正确鲜明的主题。演讲的主题最能体现演讲的思想价值和审美品位，使演讲具有深刻感人的艺术魅力。然而，表现演讲主题又不能流于空洞的说教、现象的罗列和人云亦云的老生常谈。正确的做法是：在运用材料表达主题时，及时对材料的本质内涵加以分析、概括、提炼、延伸，并通过富于理性色彩的语言点拨、渲染，激起听众的心理共鸣，将听众的思维引向一个更深邃、更崇高的境界，使演讲的主题得以升华。总之，启迪纵深思维，提炼演讲主题，是演讲者提炼出"高、深、新、美"的演讲主题的好方法。

5. 启迪形象思维

形象思维是以想象和联想为基本手段，通过具体的形象来揭示事物本质及其规律的思维方法。这种思维方法用生动的事例取代烦琐的论证，用幽默的语言代替枯燥的陈述，用形象的类比代替抽象的说理，使得口语表达更为生动感人，更有说服力。厉教授本来也可以用抽象思维的方法，同干部们讲一套大道理，那样多费了口舌还不一定能把道理讲透。他从实际出发，用一个具体生动的故事，类比说明政府转变职能"有所管有所不管"的道理，通俗、生动、风趣，有很强的针对性和说服力。

总之，即兴演讲要求演讲者在很短的时间内紧紧围绕演讲的目的，根据时境需要，把话题与相关的材料组织起来，并按照一定的逻辑关系，言之有序地表达出来。具体来说，通过三个过程来体现：第一，词句的组合，即选择词语，遣词造句；第二，观点与材料组合，即选定观点，充实论据，形成语段；第三，结构的组合，形成腹稿。这些过程在即兴演讲开始前随即形成，并随着演讲的进展，逐步按照"开场白——沿框架阐述——充实完善——演讲结束"这样一个序列进行。事实上，这三个过程不能截然分开，而是一个有机整体，加上演讲艺术手段的使用，使即兴演讲取得和谐、统一、富有魅力的效果。

课后习题

1. 以"我爱我家"为主题，由班委会组织一次主题演讲比赛。
2. 对下列辩题进行讨论，看看正反方分别该如何立论。
   （1）人生机遇与奋斗，哪个更重要？
   （2）网上交友利大于弊还是弊大于利？
   （3）气质是刻意追求得到的吗？

模块四　演讲的态势语

学习目标

◎ 了解面部表情的要求。
◎ 掌握肢体动作的原则等内容，拥有良好的个体形象。
◎ 学会服饰着装的要求。

案例导入

态势语言是有声语言最默契的知音。在某高校举办的普通话演讲比赛活动中，小李同学以丰富的演讲内容、精彩的有声语言，以及自信的微笑、灵动的眼神、潇洒的手势等态势语言，给观众留下了坚定自信、睿智从容的印象，赢得了本次演讲大赛的冠军。

案例思考：小李同学的演讲为什么成功？什么是态势语言，态势语言对演讲者的风度、气质及演讲效果有何影响？

单元一　面部表情

　　态势语言也称无声语言或肢体语言，是一种运用手势、表情、体姿来表情达意的特殊语言，由仪表、姿态、手势、面部表达等组成。仪表指人的外表，一般包括身材、容貌和服饰，体现着一个人的气质与风度，对树立演讲主体形象，集中听众注意力，调动听众情绪，实现演讲目标等起着极其重要的作用。例如，闻一多先生的《最后一次讲演》以排山倒海的气势、爱憎分明的情感、别具一格的态势语言（巍峨挺立的身姿、轻盈飘拂的长髯、炯炯有神的目光和表达愤怒之情时的拍桌动作），点燃了在场每一位听众的激情，显示了演讲艺术非凡的向心力和强大的感召力。

　　当我们坐在大厅里观看演讲者演讲时，在他上场的那一瞬间，首先看到的是他的整体形象：潇洒的风度，高雅的气质，大方的步态，得体的打扮等。我们对此一一审视之后，在心中

模块四　演讲的态势语

定格出演讲者的形象，但再进行下去时，大家的眼睛会汇聚到演讲者的脸部。这并非演讲者有一张漂亮迷人的脸蛋，其实有些演讲者并非如此，而是因为脸部是情感的晴雨表，听众可以从上面读懂演讲者的情感世界。演讲者应善于通过自己的面部表情，把自己的内心情感最灵敏、最鲜明、最恰当地显示出来；应善于通过自己的面部表情，对听众施加心理影响，构筑起与听众交流思想感情的桥梁。

一、面部表情

丰富的脸部表情后面表现着复杂的思想情韵。突出下颚表示攻击性行为；缩紧下巴表示畏惧和驯服；抚弄下颚表示掩饰不安或胸有成竹；嘴角下撇表示伤心，嘴角上扬表示欢快，撅起嘴巴表示委屈，张口结舌表示惊讶，咬牙切齿表示仇恨，咬住下唇表示忍耐；下颚上抬，把鼻子挺出，是傲慢、自大、倔强的表现；用手摸鼻子，是怀疑对方；用手摸耳垂表示自我陶醉……

以上脸部表情如果互相配合，综合运用，按照演讲的内容要求，根据演讲者的感情控制，会产生愤怒、害怕、高兴、妒忌、喜爱、紧张、骄傲、悲伤、满足、同情等感情。

人的感情可分为"愉快"和"不愉快"两个极端。愉快时，嘴角后拉，面肤上提，眉毛平展，眼睛平眯，瞳孔放大。不愉快时，嘴角下垂，面颊下拉，眉毛紧锁，面孔显长。具体的还有很多。例如：

表示有兴趣、快乐、高兴、幸福、兴奋等情绪，面部表现是眉毛上抛，嘴角向下，鼻孔开合程度正常，口张开，瞳孔放大。有时还伴有笑声、流泪或拍拉身体等动作。

表示蔑视、嘲笑等情绪，脸部表现是视角斜下，眉毛拉平，抬面颊。

表示痛苦、哭泣等情绪，脸部表现是皱眉、眯眼、皱鼻、张开嘴、嘴角下拉，配合有声传递。演讲中此种表情不能过度。

表示发怒、生气的情绪，脸部表现是眼睁大，眉毛倒竖，嘴角拉开，紧咬牙关。此种表情最富攻击性，演讲中切忌过头。

表示惊愕、恐惧的情绪，脸部表现是眉毛高扬，眼睛与口张开，倒吸凉气。

此外，面部表情贵在自然，自然才显得动人真挚，做作的表情显得虚假。同时，还应该丰富、生动，随着演讲内容和演讲者的情绪发展而变化，既顺乎自然，又能够和演讲内容合拍。同时应注意，表情僵硬木讷，会影响演讲的感染力和鼓动力，而神情慌张又难以传达出演讲内容和演讲者的内在情感，也会影响听众的情绪，而故作姿态的感情表露会使听众感到虚假或滑稽，降低对演讲者的信任感，影响演讲效果。

演讲者要直面听众，故作镇静、毫无表情是不行的。听众最先看到的是演讲者的脸，继而通过演讲者的表情来确认演讲内容是否真实。独自嬉笑又容易引起听众的反感。整个演讲过程中应面带轻松、自然、柔和的微笑，因为这种微笑会紧紧抓住听众的心。俗话说"眼睛是心灵的窗口"，内心世界的各种活动都能通过眼睛表现出来，因此，表情的中心是眼睛，将你和听众的视线连接在一起，是将你和听众连接在一起的秘诀。像眼睛向下盯着演讲桌，看着天棚的一角或不停地看提示稿，这些只能将你和听众隔离开来。而且，如果你不看听众，就不知道他们对演讲做任何反应。

视线要撒向所有观众。特别要注意照顾到那些坐得比较远的听众。总是看着在场的领导或主办者的话，你就会失去其他的听众，因为谁也不愿意听忽视自己的人的演讲。还应该注意眼睛的转动方式。对于听众来说，只转动眼睛容易引起听众的反感。当你想看什么地方时，最好头随眼睛一同转动，这样显得自然协调。视线该停的地方就要停下。在你的演讲中出现类似的"高山"等词时，可以自然向上看，但到了一定程度一定角度时就要停下，否则会显得过于夸张。演讲词和视线要统一。比如在你的演讲中出现A、B两人对话的场面，当你扮作A说话时，略微向右看，扮作B说话时再略微向左看，这样做会产生戏剧效果，抓住听众。

二、微笑技法

微笑是一种良性的脸部表情，反映出一个人的内心世界，是自信的标志，礼貌的象征，涵养的外化，情感的体现。演讲中，微笑象征性格开朗与温和，可以建立融洽气氛，消除听众抵触情绪，可以激发感情，缓解矛盾。

下列场合可运用微笑技法：

一是表达赞美、歌颂等感情色彩时应微笑。此时要博得别人笑，自己首先要笑。

二是上台与下台时应微笑。这样可拉近与听众的距离，把良好的形象留在听众心中。

三是面对听众提问时送上一缕微笑是无声的赞美与鼓励。

四是肯定或否定听众的一些言行时，可以配合着点头或摇头，面带微笑。

五是面对喧闹的听众，演讲者可略停顿，同时面带微笑是一种含蓄的批评与指责。

六是表达一些与微笑不相悖的情感时可微笑。

在这要提醒演讲者注意的是，演讲中不能从头到尾一味微笑，否则让人感到你像一个弥勒佛，戴了一个假面具上台演讲，没有感情。尤其是不该笑时更不能笑。表达悲痛、思考、痛苦、愤怒、失望、讨厌、懊悔、批评、争论等负面情绪时不能微笑。你已完全放开，不觉紧张，没有必要运用微笑来控制情绪。

另外，演讲中的笑要随内容感情变化而变化，有时兴奋喜悦地笑，有时冷嘲热讽地笑。演讲中既要注意用自己的"笑容"去表达内容，感染听众，也要保证笑的价值，该笑则笑，不笑则止，具体如图4-1所示。

图4-1 微笑

三、调整目光视点

有人说，演讲者要像一名演员，拥有高超的表演技巧，每次演讲都要充分运用目光语。有时像聚光灯，把目光聚集到全场的某一个点上；有时像探照灯目光扫遍全场。目光语十分重要，一般来说，演讲者调整目光视点主要有以下几种方法。

（一）环视法

有节奏或周期地把视线从听众的左方扫到右方，从右方扫到左方或从前排扫到后排，从后排扫到前排。视线每走一步都是弧形，弧形又构成一个整体——环形。这种方法要注意中间的过度。这种方法主要用于感情浓烈、场地较大的演讲。

（二）仰视法和俯视法

在演讲时，不要总注视听众，可以根据内容运用仰视法和俯视法，如表示对后辈的爱护、怜悯和宽容时把视线下移；表示尊敬、思索、回忆时可将视线上移。

（三）前视法

演讲者视线向前而弧形流转，大致以听众席的中心线为中心弧形照顾两边，直到视线落到最后的听众头顶上，视线移动时不必匀速，按语句节奏进行，要顾及坐在偏僻角落的听众。

（四）测视法

用"Z"形或"S"形视线扫视，此法在演讲中用得比较多。

（五）闭目法

人的眨眼是一般是每分钟5~8次，若眨眼时间超过1秒就成了闭眼。演讲中讲到英雄人物壮烈就义，演讲者与听众极度紧张悲痛，心情难以平静时，可运用此法。

值得注意的是，视线的运用往往是各种方法综合考虑并且交叉运用的，同时要根据内容的需要，带着感情的节拍，配合有声语言形式与手势、身姿等进行立体表现。

单元二 肢体动作

演讲者的肢体动作包括头颈、手臂、腿脚，及全身的变化。但在演讲中演讲者全身活动较少，下半身除有特别要求外，基本不动。主要是上半身的活动，且只能作扇形转动，头部变化有限，手和臂部是变化最大的。

单元二　肢体动作

一、肢体动作运用的原则

在演讲实践中，有些演讲家喜欢在讲台上走来走去，甚至走到听众席中演讲，这当然算是一种演讲风格，但初学者不易采用。因为你的声音和感召力没有达到熟练控场的程度，随便走动，会使听众眼花缭乱，走下听众席会使前排听众听不清你的声音，看不见你的态势语。可以这样说，台上演讲者的每一个动作对台下听众来说都是一种信息。

（一）防止三种倾向，保持三个协调

防止的三种倾向是不动、乱动和错位。不动的极限是演讲从头至尾两手紧贴裤缝，或两手紧扣腹部，极其呆板。乱动指的是在演讲中有很多习惯性动作和小动作，和演讲内容没有什么关系，不仅无助于演讲，并且干扰听众接受信息。错位指的是口头语言和手势配合不协调，这往往发生在初学者身上。他们的表情和动作产生在口头语言之前或之后，极不协调，影响了演讲的美感。保持的三个协调是：第一，肢体动作应协调成套，保持自然。手、臂、腿、脚应配合一致，真正起到辅助有声语言的作用。第二，肢体动作应和表情与口头语言协调。肢体动作的起落和话音的出没及表情的体现是同时的、同步的。第三，手势与感情协调。演讲中感情激昂时肢体动作的幅度、力度可大点，否则小一点，肢体动作幅度和感情是成正比的。

（二）因人制宜

在演讲中肢体动作的恰当运用可以表现一个人的成熟、自信、涵养、气质和风度。演讲者要根据自身条件，选择符合自己的身份、性别、职业、体貌的，有表现力的、合适的肢体动作。就性别而言，男性的手势一般刚劲有力，外向动作较多；而女性的手势一般柔和细腻，内向动作较多。就年龄而言，老年演讲者因体力有限，手势幅度较小，精细入微；而中青年演讲者身强力壮，手势幅度较大，气魄雄伟。就身高而言，个子比较矮小的演讲者可以多做些高举过肩的手势来弥补不足，这样可以使自己的形体显得高大一些，而个子较高的演讲者，可多做些平直横向的动作。初学者一般应少用一些肢体动作。这是因为初学者往往所承担的心理压力较大，受着各方面的干扰。

比如：会不会忘词、礼貌是否周全、人们能否接受自己的观点等，所以尽可能将重点放在有声语言表达上，以免顾及部分太多而喧宾夺主，反而使演讲不能成功。对于在什么情况下该用什么手势、做什么动作，是无法确定的，全靠自己摸索、模仿。但一定要注意，不要去追求那种千人一招万人一式的模式化的肢体动作。每个人都要有自己的特点。并不断强化自己的特点以至于美化定型。初学演讲的人，往往不敢或不愿意用肢体动作来表达，怕不自然引起听众的耻笑。在实际学习演讲过程中确实经常会出现这种情况。演讲者轻易不用肢体动作，一用就很不自然。其实学习用肢体动作和学习演讲的其他部分一样，都有一个从不自然到自然的过程。要克服心理障碍，不管听众反应如何，该用则用，还要表现出自己的特

点，时间一长，听众自然就会接受。当然，在学习过程中还要采取跟着教师练、面对镜子或熟人自我训练等方法。

二、手势

在肢体动作中手和臂部是变化最大的。手势，是演讲者运用手指、手掌、拳头和臂部的动作变化，表达思想感情的一种态势语言。它是态势语言的重要组成部分。美国心理学家詹姆斯认为，在身体的各个部分中，手的表达能力仅次于脸。讲话中的冲动，也往往可以从手的动作幅度、位置、紧张程度等方面表现出来。在演讲中，手势有着不可低估的作用。恰当地运用手势，对于加强口语的语势、补充口语的不足、表现演讲者的体态形象、增强演讲的说服力和感染力都有着重要的作用。因此，有一些较为规范的要求。

例如一个"不"字，如果表现出来就有方向、区位、幅度、形状之分。方向是一只胳膊向前推出或向右下方推出；区位在中区位或下区位；幅度可小（屈肘）可大（整个胳膊）；形状是整个手掌并拢、五指向上，下面是一些手势的分类及运用的方法。

（一）手势的分类

1. 按表达功能特点分类

（1）情意性手势。在演讲中运用较多，表现方式也极为丰富。这种手势语，主要用于带有强烈感情色彩的内容，能表达出演讲者的喜、怒、哀、乐。它的表达情深意切，感染力强。

（2）指示性手势。这种手势主要用于指示具体人物、事物或数量，给听众一种真实感。它的特点是动作简单，表达专一，一般不带感情色彩。指示性手势有"实指"和"虚指"之分。实指涉及的对象是在场听众视线所能看到的；虚指涉及的对象是远离现场的人和事，是听众无法直接看到的。

（3）象形性手势。这种手势主要用于模拟演讲中的人或物的形状、高度、体积、动作等，给听众以生动、明确、形象的印象。这种手势重在"意会"，不能机械地模仿，不能过分地夸张和有过多的表演痕迹。

（4）象征性手势。这种手势的含义比较抽象，如果能配合口语，运用准确、恰当，则能启发听众的思考，引起听众的联想，给听众留下鲜明具体的印象。

2. 按活动的区域分类

（1）肩部以上，称为上区手势。手势在这一区域活动，一般表示理想、希望、喜悦、祝贺等；手势向内、向上，手心也向上，其动作幅度较大，大多用来表示积极肯定的、激昂慷慨的内容和感情。

（2）肩部至腰部，称为中区手势。手势在这一区域活动，多表示叙述事物、说明事理和较为平静的情绪，一般不带有浓厚的感情色彩。其动作要领是单手或双手自然地向前或两侧平伸，手心可以向上、向下，也可以和地面垂直，动作幅度适中。

（3）腰部以下，称为下区手势。手势在这一区域活动，一般表示憎恶、鄙视、反对、批判、失望等。其基本动作是手心向下，手势向前或向两侧往下压，动作幅度就演讲情况而定。

3. 按使用单、双手分类

手势分为单手手势和双手手势。双手手势的分量更重一些。它们能在不同程度上辅助口语的表情达意。在运用时要注意以下三点：

（1）感情的强弱。一般来说，讲到批评或表扬、肯定或否定、赞同或反对时，其情感特别强烈时，则可用双手手势。在一般情况下，用单手手势较为合适。

（2）听众的多少。一般来说，会场较大、听众较多的场面，为了强化手势的辅助作用，激发听众的情感，可以用双手手势。反之，用单手手势较为合适。

（3）内容的需要。形式是为内容服务的，这是决定用单手手势或双手手势的最根本的依据。如果离开了内容的需要，即使会场再大、听众再多，也不宜用双手手势。同样，根据内容的需要，应该用双手手势时，如果使用单手手势，则显得单薄无力，不能充分地传情达意。

（二）手势技巧

演讲中，自然而安稳的手势，可以帮助演讲者平静地说明问题；急剧而有力的手势，可以帮助演讲者升华感情；稳妥而含蓄的手势，可以帮助演讲者表明心迹。具体如图4-2所示。

演讲的手势大致可以分为以下四类。

图 4-2　手势

1. 指示手势

这种手势用来指示具体真实形象，又可分为实指和虚指两大类。实指是指演讲者手势确指在场的人、事或方向，且均在听众的视线内，如"我"或"你们"、"这边"或"上面"、"这些"或"这一个"等。虚指是指演讲者和听众不能看到的，如"在很久很久以前""在遥远的地方""他的""那时""后面"等。指示手势比较明了，不带感情色彩，比较容易做。

2. 模拟手势

用手势描述形状物，其特点是"求神似，不求形似"。比如用双手合抱，把梨子虚拟成一个大球形，表达出人们的真情实意。模拟手势信息含量大，升华了感情，有一定的夸张色彩。

3. 抒情手势

此手势在演讲中运用频率最多。常用的有：兴奋时拍手称快，恼怒时挥舞拳头，急躁时双手相搓，果断时猛力砍下等。抒情手势是一种抽象感情很强的手势。

4. 习惯手势

任何一位演讲者都有一些只有他自己才有而别人没有的习惯手势，且手势的含义不明确、不固定，因演讲内容的不同而体现不同的含义。

综上所述，演讲手势贵在自然，切忌做作；贵在协调，切忌脱节；贵在精简，切忌泛滥；贵在变化，切忌死板；贵在通盘考虑，切忌前紧后松或前松后紧。

（三）演讲中常用的手势

演讲的手势可以说是"词汇"丰富，千变万化，没有一个固定的模式，作为一个出色的演讲者平时要认真观察生活，刻苦训练，积极付诸实践。下面介绍演讲中常用的手势。

（1）拇指式。竖起大拇指，其余四指弯曲，表示强大、肯定、赞美、第一等意思。

（2）小指式。竖起小指，其余四指弯曲合拢，表示精细、微不足道或蔑视对方。这一手势演讲中用得不多。

（3）食指式。食指伸出，其余四指弯曲并拢，这一手势在演讲中被大量采用，用来指称人物、事物、方向，或者表示观点甚至表示肯定。胳膊向上伸直，食指向空中则表示强调，也可以表示数字"一""十""百""千""万"。手指不要太直，因为面对听众手指太直，针对性太强。弯曲或钩形表示"九""九十""九百"等。齐肩划线表示直线，在空中划线表示弧形。

（4）食指、中指并用式。食指、中指伸直分开，其余三指弯曲。这一手势在一些欧美国家及非洲国家表示胜利的含义，由英国首相丘吉尔在演讲使用而得到推广。也表示"二""二十""二百"……

（5）中指、无名指、小指三指并用式。表示"三""三十""三百"……

（6）食指、中指、无名指、小指四指并用式。表示"四""四十""四百"……

（7）五指并用式（又叫手推式）。如果是五指并伸且分开，表示"五""五十""五百"……指尖并拢并向上，掌心向外推出，表示"向前""希望"等含义，显示出坚定与力量。

（8）拇指、小指并用式。拇指与小指同时伸出，其余三指并拢弯曲，表示"六""六十""六百"……

（9）拇指、食指、中指并用式。三指相捏向前表示"这""这些"，用力一点表示强调，也表示数字"七""七十""七百"……

（10）拇指、食指并用式。并拢表示肯定、赞赏之意；二者弯曲靠拢但未接触，则表示"微小""精细"之意；分开伸出，其余三指弯曲表示"八""八十""八百"……

（11）"O"形手式。又叫圆形手势，曾风行欧美。表示"好""行"的意思，也表示"零"。

（12）仰手式。掌心向上，拇指张开，其余自然弯曲，表示包容量很大。手部抬高表示"赞美""欢欣""希望"之意；平放是"乞求"，"请施舍"之意；手部放低表示无可奈何，很坦诚。

（13）俯手式。掌心向下，其余弯曲。表示审慎提醒，抑制听众情绪，进而达到控场的目的，同时表示反对、否定之意；有时表示安慰、许可之意；有时又用以指示方向。

（14）手切式。手剪式的一种变式。五指并拢，手掌挺直，像一把斧子用力劈下，表示果断、坚决、排除之意。

（15）手啄式。五指并拢呈簸箕形，指尖向前。表示"提醒注意"之意，有很强的针对性、指向性，并带有一定的挑衅性。

（16）手包式。五指相夹相触，指尖向上，就像一个收紧了开口的钱包，用于强调主题和重点，也表示探讨之意。

（17）手剪式。五指并拢，手掌挺直，掌心向下，左右两手同时运用，随着有声语言左右分开，表示强烈拒绝。

（18）手抓式。五指稍弯、分开、开口向上。这种手势主要用来吸引听众，控制大厅气氛。

（19）手压式。手臂自然伸直，掌心向下，手掌一下一下向下压去。当听众情绪激动时，可用这手势平息。

（20）颤手式。单手或双手颤动，必须与其他手势配合才表示一个明确的含义。

（21）抚身式。五指自然并拢，抚摸自己身体的某一部分。抚胸表示沉思、谦逊、反躬自问；抚头表示懊恼、回忆等。

（22）挥手式。手举过头挥动，表示兴奋、致意；双手同时挥动表示热情致意。

（23）掌分式。双手自然撑掌，用力分开。掌心向上表示"开展""行动起来"等意，向下表示"排除""取缔"等；平行伸开还表示"面积""平面"之意。

（24）举拳式。单手或双手握拳，平举胸前，表示示威、报复；高举过肩或挥动或直锤或斜击，表示愤怒、呐喊等。这种手势有较大的排他性，演讲中不宜多用。

（25）拳击式。双手握拳在胸前作撞击动作，表示事物间的矛盾冲突。

（26）拍肩式。用手指拍肩击膀，表示担负工作、责任和使命的意思。

（27）拍头式。用手掌拍头，表示猛醒、省悟、恍然大悟等意。

（28）捶胸式。用拳捶胸，辅之以跺脚、顿足，表示愤恨、哀戚、伤悲。演讲中不太多用。

（29）搓手式。双手摩擦，意味做好准备，期待取胜；速度慢表示猜疑；在冬天则表示取暖；拇指与食指或其他指尖摩擦，通常暗示对金钱的希望。具体如图4-3所示。

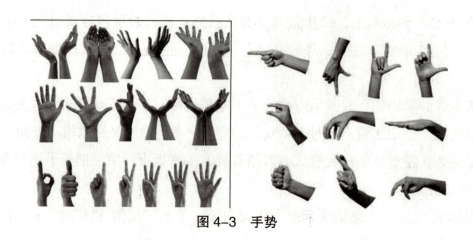

图 4-3　手势

单元三　服饰着装

服饰是一门艺术，也是一种文化，一种无声的语言，更是透视个人形象的重要窗口。伟大的戏剧作家莎士比亚说："服装往往可以表现人格。"在社交场合，人们可以通过服饰来判断一个人的性格、气质、涵养和身份地位。因此，我们要注意服饰的选择，遵循着装的原则，彰显自己的仪表魅力。

在社交或职业场合穿着服装应遵从国际公认的"TPO"原则。男士可选择中、高档次的中山装或西服，给人以庄重、挺拔、大方之感。女士既可着深色制服、套装，也可着旗袍，以曲线展现妩媚、典雅、柔美。

一、着装的原则

职场或社交场合服装的选择可能会有变化，但着装的原则几乎是不变的，一般而言应遵循以下原则。

（1）整洁原则。整洁原则是服饰打扮的一个最基本的原则。一个穿着整洁的人，与人交往，能够给人积极向上的感觉，并传达出对交往对象的尊重之意。

（2）个性原则。由于每个人在年龄、性格、职业、文化素养等方面均有差异，选择适合自己的服饰，凸显自己最美好的一面，才能彰显个人独特风采。作家三毛说："因为我从来不赶时髦，所以我永远都是最时髦的。"

（3）和谐原则。选择服饰不仅需与肤色相搭配，也要能够衬托出曼妙的身材、服饰的神韵，给人以和谐之美。

（4）TPO原则。TPO分别是time、place、object三个单词的缩写字头（也有人认为"o"是

"occasion"的字头，指场合）。人们的着装要因时间、地点和目的的不同而相应变化，在不同的社交场合，穿戴与自己身份、年龄、职业、身材相称的服饰，可传递出谨慎大方、精明能干、诚实可靠的信息。

二、男士西装

西装是一种国际性服装，是公认的男士正统服饰。男士在几乎所有的社交场合都可以身着西服，在学会正确的穿着方法外，还要注意三色原则，即着装颜色最好不超过三种。要遵循三一定律，即鞋子、腰带、公文包颜色一致，首选黑色。

（一）西装的选择

在选择男士西装时，要考虑款式、面料、衬衫和领带等要素。

（1）款式选择。西装的款式主要分为英国、美国和欧洲三大流派。选择时要考虑自己的身高、体型。例如，较胖的人，最好不要选择瘦短型的西服；较矮的人，最好不要穿上身较长、肩膀较宽的双排扣西服。西装衣长，至臀部4/5处为佳。袖子长度，以达到手腕为宜。

（2）面料选择。应该选择挺括一些的全毛或混纺面料的西服；面料以黑色、深蓝、深灰等颜色为佳。西服面料一般和价格高度相关，对普通学生而言不宜过分讲究，应根据自身的经济实力尽力而为。

（3）衬衫选择。一般来说，穿深色的西服，配白色的衬衫，如图4-4所示；穿单色的西服，配花色的衬衫；穿带格的西服，配单色的衬衫。

（4）领带选择。一般情况下，在社交场合穿西服必须打领带，领带的颜色、花纹和款式要与所穿的西服相协调。面料以真丝为最优，国际国内名牌为首选。领带的长度要适中，以达到皮带扣为宜。一位男士至少要有绛红色和蓝色的领带各一条。

图4-4　衬衣搭配

（二）西服的穿着

即使是最好的衣服，穿着不当也可能会对个人形象提升起反作用，一般而言，西服的穿着应注意以下几个问题。

（1）穿好衬衣。穿西装需穿长袖衬衣，并将纽扣扣好，衬衣下摆要掖在裤子里，领子高于西服领口1厘米左右，不要翻在西服外，衬衣的袖子要长于西装上衣袖子1~2厘米。

（2）穿好内衣。穿西装切忌穿过多内衣，且内衣不要外露。如果天气较冷，衬衣外面可以穿一件紧身毛衣或毛背心。

（3）穿好鞋袜。穿西装一般要配黑色的皮鞋，袜子的颜色要比西服稍深一些，使之在西装与皮鞋之间有个过渡，切忌穿白色袜子。

（4）扣好扣子。穿西装时，上衣可以敞开，但双排扣西装上衣，一般要将扣子全部系好。单排扣两粒扣子的西装，只系上面一粒；三粒扣子的，则要扣中间的一粒。西装的衣袋只起装饰作用，不宜放太多、太沉的东西。

（5）系好领带。平结打法为较多男士选用（图4-5），几乎适用于各种材质的领带。值得注意的是，领结下方所形成的凹洞必须要使领带两边均匀且对称。

交叉结适合单色、素雅且材质较薄的领带选用（图4-6），对于喜欢展现流行感的男士不妨多加使用。

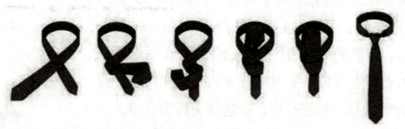

图4-5　平结

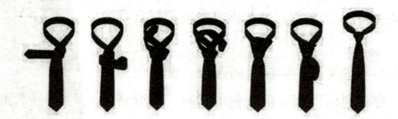

图4-6　交叉结

三、女士制服

女士制服一般以西服套裙为主流选择。穿西服套裙，一定要注意成套着装，并配上与之相适应的衬衣。与衬衣搭配时，领口应系上领结、领花或丝巾、领带。

（1）套裙必须整洁和挺括，一般选一步裙为宜。

（2）套裙一定要配以质地较好的连裤袜，而不是在"紧身裤"外再穿套裙，这是不合乎规范的。丝袜的颜色，最好为肤色，不可穿有颜色、有花纹、带网状的袜子。

（3）鞋子要穿与服装颜色搭配的高跟或中跟皮鞋（4厘米左右为最佳），能够使人亭亭玉立，充满朝气。

（4）服装式样不能太怪异、太暴露，色彩不宜太鲜艳、醒目，更不能满身珠光宝气。

演讲者留给他人的第一印象，往往是从主体形象开始的。青年人要张扬青春风采，以淡妆体现自然美、个性美；中年人要展现成熟风韵，以高雅的气质体现沉稳、俊逸之美；老年人要突出深沉理性，以平和体现睿智、淡定之美。

> **课后习题**
>
> 1.以"我最尊敬的一个人"为题，写一篇600字左右的巡回演讲词，每组推荐一位同学在班上进行宣讲。
>
> 2.假设自己参加某同学的20岁生日宴会，请你发表3分钟即兴演讲。

模块五　口才概述

学习目标

◎ 了解口才的价值。
◎ 掌握口语表达的总体要求及常见问题。
◎ 学会如何进行口才的培养。

案例导入

因某亲子节目走红之后的某影视演员被"耍大牌"的传闻困扰,甚至在录制节目的间隙,因为拒绝拍照而惹恼了媒体!本以为这位新晋男神会跟其他人的反应一样,要么一本正经地拒绝到底,要么放下身段讨好媒体。然而没想到的是,他却用一句熟络而热情的"等回到家乡后,请记者们吃麻辣烫"将一场矛盾消于无形之中。说到底,谁好意思跟自己的"铁哥们儿"计较呢?

好的口才无疑是人际关系的润滑剂,好口才是人生成功的重要因素。

单元一　口才的价值

说话是一种技巧,更是一门艺术,一句恰到好处的话,可以改变一个人的命运;而一句言不及义的话,也可能毁掉一个人的一生。长于说话的艺术,你才能在社交和工作中左右逢源,成就成功人生。

好的口才在我们的人生旅途中发挥了许多重要的作用,是我们事业成功、飞黄腾达的决定性因素。就是把好的口才看作是"金口才"也不为过,所以,现实中口才绝不能忽视。在了解口才具备的价值前,先了解什么是口才及口才的能力构成。

模块五　口才概述

一、口才的基本知识

（一）口才的概念

口才，《辞源》中的定义为："口才是善于说话的才能。"《现代汉语词典》中的定义为："口才是说话的才能。"它由"口"和"才"两部分组成。"口"是指口语表达能力，"才"则是指可供"口"表达的知识、才学。因此，口才是指人们运用口语表达思想情感、进行沟通交流的才能，是在说话、交谈、朗读、论辩、讲课、演讲等现代语言交际活动中，以品德、知识学问、文学艺术为基础的规范化的口语表达形式。它是一个人的道德修养、文化积累、知识结构、思维方式、价值判断、心理素质、语言艺术和仪态仪表等综合素质的集中反映。

（二）口才的要素

口才是人们在交际过程中，因时因地、因人因事地凭借自己的知识和阅历，力求准确地表达自己的态度、见解和感情，以期充分发挥交际功能的口头表达能力，其内涵是很广泛的，它可由胆、情、智、识、知、辩、力、度、思、仪十大要素组成。

所谓"胆"即无私无畏、临场不慌，言其所必言；"情"即真情流露；"智"即驾驭交际场面的能力；"识"即见解、主见；"知"即丰富的知识和阅历；"辩"即不同的场合运用不同的言语表达形式，句式、语气、语速、语势、语体风格要运用得当；"力"即感染力、说服力；"度"即言语交际过程中，或赞或贬、或喜或悲、或坦陈或婉言、或精确或模糊，都有程度轻重的问题；"思"即贯穿于言语交际活动全过程的思维活动；"仪"即仪态、神情、举止，即指交际者的仪态神情只有与交际者的性格气质及特定语境中的言语和谐时，才能相得益彰。

（三）口才的标准

当一个人的口语表达能力达到相当有艺术水平的时候，我们就说这个人有口才。具体标准是怎样的呢？演讲与口才专家邵守义教授认为可以用以下五个标准来衡量。

一是言之有理。你要说这个人有口才，他讲的话必须是真理，而不是歪理邪说，也不能是胡说八道，这是口才的第一个标准。二是言之有物。你讲话的时候不是空空洞洞什么也没有，当听你说完会让人觉得真的有内容、有东西。三是言之有序。当你做报告或者是同事间交谈，当你说出话来保证是一、二、三，让人觉得条理清楚。四是言之有文。也就是说你说的语言、说的话，当你讲出来之后，听众就愿意听，觉得你有文采，没有文采的话，我们说这个人不见得有口才。为什么有人讲话容易引发大家的笑声，因为他很幽默，也很有文采。五是言之有情。做一个有口才的人，讲起话来总是有感情的，不像是一阵风在耳边一吹而过，在你讲的过程中喜怒哀乐全部都可以在你的口语表达里传达出来，别人一听就为之震动、为之惊诧、为之欢乐、为之悲伤，可以达到感动听众的目的。归纳起来，就是具备了言之有理、言之有物、言之有序、言之有文、言之有情这五点，我们就说这个人有口才。

（四）口才能力构成

从语言交际实践来看，口才能力主要由六个方面的能力构成，即说明能力、吸引能力、说服能力、感染能力、创造能力和控制能力。

第一，说明能力：即把话说得准确明白的能力。把自己心里的想法说出来的能力是口才最基本的要求。要求说话者用词准确，语意明白，语句简洁，合乎语法规范，把客观概念表述得清晰、准确、连贯、得体。实际上能把意思讲准确、讲明白，使听者"一听了然"，也是不容易的。例如，有的人懂技术，但不见得就能说出来；有的学者知识渊博，写过不少专著，但一讲起课来，就让人昏昏欲睡。这些都是语言表达能力不佳、说明能力差的表现。

第二，吸引能力：即通过说话，把别人的注意力留住的能力。如何才能使自己的语言具有这种能力呢？

（1）说话要有内容，才能够吸引别人的倾听，要使别人在听你说话的过程中有一些收益或是产生共鸣，那么，这样的说话才是成功的；而别人也才会乐意听你说话，与你交流。同理，一位好的说话者一定是一位特别擅长沟通的人，在自己说话的时候也要学会倾听他人的说话，俗话说："出门看天色，进门看脸色。"因此，在说话时更要学会看他人听你说话时的表情，以便适时地改变自己说话的内容、语气等，说话时千万不要自说自话，这是最不成功的说话。

（2）说话要注意自己的节奏感，这一点是相当重要的。有些人在说话的时候语速相当快，就像在爆豆子一样，往往他（她）自己说完以后，别人都没有反应过来他（她）到底说的是什么。说话说得慢一些，声音响亮一些，你会发现，人们会更加注意地倾听你的说话，而且他们会感觉你所说的每一句话都是从内心深处说出来的，是经过你慎重考虑后才说出来的，人们会认为你在对自己说的话负责任。其实，说话并不见得比写文章容易，文章写得不好还可以修改，而一句话说出来了，要想修改是比较困难的。我们也常感觉到，即使同一个意思，甚至同一句话，会说话的人，能叫你听后眉飞色舞；不会说话的人，则叫你感到头昏脑涨。

第三，说服能力：即通过言语的表达，使人心悦诚服的能力。口才好的人，并不一定讲得很多，关键在于他善于察言观色，了解别人心中的想法，会对症下药，三言两语就能使人折服。说服能力要求言语行为具有明确的目的性。没有目的、漫无边际地讲话是没有任何实际意义的。

对于那些善于操纵说服技巧的人来说，能更清楚地了解对方的思想轨迹及其中的"要害点"，瞄准目标，击中"要害"，比与对方不停地周旋更有效，它会使你的说服力大大提高。这一点如果发挥得淋漓尽致，足以成就大事。

第四，感染能力：即用语言感动人的能力，也就是要求讲话人以自己的激情感动听者，获得以情动人的效应。如果说话人感情平淡，语言贫乏，自然是无法感动听众的。具有感人能力的语言或是字字珠玑，让人听来春风化雨，或是情真意切，动人心扉。总之，就是要与听者产生心与心的碰撞和情感上的共鸣。

第五，创造能力：即讲话中根据思想表达的需要创造语言的能力，或者是说创造性地运用语言来表达自己思想的能力。语言创造能力是形式和内容的有机统一，词汇贫乏，话到用时方恨少；用词没有仔细斟酌，粗陋肤浅，词不达意，错漏和歧义百出；这些现象统称为缺乏语言营养。要发展语言创造力就必须攻克缺乏语言营养的堡垒。生活、阅读、情感、思维都是提高语言营养、丰富语言创造力的源泉之一。

第六，控制能力：即控制自己的语言避免引起不良后果的能力。就是说，只会把话说出来，却不会顾及自己所说的话所能引起的后果，实际上是信口开河，瞎说一通，这算不上有口才。一般来说，语言的控制能力主要表现在以下几个方面。

（1）准确把握说话分寸的能力。既要把意思说到，又不会说得过头，而是说得恰如其分。

（2）针对不同的听话人和不同的情况，能准确预料和有效控制听话人对自己语言所做出的反应的能力。如向人提问某件事，能不能问，从哪个角度问，用何种语气问，对方按照提问可能做出的回答是什么，这些都需要在说话时加以预料和控制。

（3）在谈话过程中已经出现问题的情况下，改用恰当的语言予以补救的能力。

二、口才的价值

口才的价值如下：

（一）口才是人生成功的助推器

当今社会是一个充满激烈竞争与合作的信息化社会，说话不仅是人们日常生活之必须，同时也对个人事业的成败有着直接的影响。生意场上有"金口玉言，利益攸关"的说法；工作场合，有"一言定乾坤"的说法；生活中，也有"一言既出，驷马难追"的说法。由此可见，在现代社会，一个人能说与否、会说与否，对其人生的成败得失有着举足轻重的影响。

一个人如果有谈吐障碍或表达能力不足，就会被人低估能力，甚至被人扭曲形象。即使你拥有如星星般闪耀的思想，即使你勤奋得像头老黄牛，即使你知识渊博得像部百科全书，成功的机遇可能都会比别人少得多，因此口才的重要性不言而喻。

（二）口才是事业上升的敲门砖

一个人拥有好口才，就可以在错综复杂的社会关系中游刃有余，在日益激烈的社会竞争中脱颖而出；就可以在唇枪舌剑的辩论中巧舌如簧，在激情四射的演讲台上妙语连珠；就可以在生活背景不同、文化水平有异、性格爱好各异的同事、朋友间巧妙周旋，如鱼得水。总之一句话，好口才是你为人处世、左右逢源的先锋队，是你事业成功的敲门砖。让我们来看看下面这两个推销员的经历，你就能更加深刻地体会到口才对事业成功的重要性。推销员A挨家挨户推销洗衣机，当他来到一户人家，看见这户人家的太太正在用一台老旧洗衣机洗衣服，于是就忙说："哎呀，这台洗衣机太旧了！用它洗衣服费时、费力又费电。太太，你该换台新的了……"结果，不等这位推销员说完，这位太太马上驳斥道："你在说什么啊，我这台洗衣机很耐用，到现在都没出现过什么故障，新的也不见得好到哪里去啊，我才不换呢！"

过了几天，推销员B来拜访，他对这位太太说："这真是台令人怀旧的洗衣机，因为它很耐用，对您有很大的帮助吧？"太太听了非常高兴，她说："是啊，我家这台洗衣机的确已经用了很久了。"推销员忙说："是的，我看出来了，您对它很有感情。可是这样，无论是对您还是对它都太累了，您想没想过让它休息一下，而您在洗衣服时也可以轻松轻松呢？我们的产品中有一款很适合您，您要不要看一看？"太太马上高兴地说："那我看看吧，也许我确实需要一台新的洗衣机了。"于是推销员马上拿出宣传小册子，向她做介绍。不久生意就做成了。具体如图5-1所示。

图 5-1　交际与口才

（三）口才是个人魅力的锦上花

当今社会，"说"的能力越来越受到人们的推崇。一个人的魅力不再仅仅通过其完美的外表和优雅的仪态来表现，是否具有好口才，也成了衡量一个人具备魅力与否的重要标准。无论你是参加演讲，还是参与辩论；无论你是竞争职位，还是应聘面试；无论是推销产品，还是洽谈业务；无论是外交谈判，还是亲朋交谈。敢于说话，善于说话，把话说对，把话说好，都会令你魅力四射，得到他人的推崇、信任、认可和赏识。

（四）口才是生活幸福的护花泥

在生活中，我们经常要与不同的人打交道，因而常常会发生一些意想不到的情况，或生气、或尴尬，很多时候还会让人下不了台。但是，如果我们能及时巧说妙解，就不但会给自己找到台阶下，还有可能化硝烟于无形，甚至能给生活增添某种乐趣。有一对小夫妻，因一点生活小事争执不下，夫妻俩你来我往吵得不亦乐乎。正当妻子向丈夫作河东狮吼状时，一位朋友恰好来访，丈夫尴尬得无地自容。好在妻子也顾及丈夫的面子，看到朋友来，连忙住口。但对丈夫来说，终究一时无法从窘境中解脱出来。朋友见状，笑着说："听你俩交流还挺热烈，我来得可真不是时候啊！"此话一出，妻子红了脸，无语离去。丈夫马上调侃地对朋友说："打是亲，骂是爱。我们刚才是在打情骂俏呢！你别看她刚才那么凶，其实正表示她对我的关心，不信你问她。"这时妻子也从里屋出来，与朋友打起了哈哈，争吵自然不了了之。这位聪明机智丈夫的一句"打是亲，骂是爱"，把两夫妻的争吵说成是"亲"和"爱"，朋友自然不会信以为真，但也不必说破，双方都有台阶下。妻子看到丈夫不但没有责怪她，反而还为她打圆场，肯定也会领丈夫的情，争吵自然烟消云散了。结果还有可能因祸得福，夫妻感情更进一步也不一定，权当作生活的调味剂吧。

（五）口才是人际交往的指南针

"良言一句三冬暖，恶语伤人六月寒。""一句话可以把人说笑，一句话也可以把人说跳。"口才在日常生活工作中具有融洽感情、密切关系、增进友谊、促进协作的重要作用。

话有三说，巧说为妙。在人际交往中，和风细雨、善解人意的话语，可以使人备感亲切，产生相见恨晚之感；诙谐幽默、生动形象的话语，能使人心情愉悦、乐不可支；胸有成竹、直抒胸臆的话语，会给人以精明干练、才智过人之感，使其敬佩之情油然而生。

口才能力是衡量一个人思想水平高低的重要标准，也是检验一个人才干和人格魅力的标准。有一个好口才已经成为现代社会人们获得成功的必要条件之一。

单元二　口语表达的总体要求及常见问题

个人内在的素质才智，通过口语交流体现出来，并辅之以体态表达，可以说是内在与外化的相辅相成。虽然我们听到的是话语，看到的是"态势语"，但其反映的却是一个人的内在素质才能。

一、口语表达的总体要求

口才外化出来的话语和"态势语"，必须满足以下要求。

（一）目的明确

目的明确是口才的目的性标准。任何人施展口才，都是一种自觉的行为，都源于一定的动机、意图和目的，有着明显的社会功利性。交际的基本单位不是句子或其他什么语句，而是完成某一言语信息传输收受的一定类型的行为，如肯定、请求、提问、命令、致谢、道歉、祝贺等，这是言语行为的目的。施展口才的目的，因人、因事、因需要不同而各不相同。有了明确的目的，才能根据实际需要，确定选择什么样的话题，运用哪些表达方式，并按自己所持观点的需要，组织有关的事例、资料，做到有的放矢。要做到目的明确，就要求说话者有强烈的人际交往意识和目的意识，注意信息传递的准确性和可接受性。

（二）准确简洁

准确简洁是口才的准确性标准。无论在什么场合说话，要充分地传情达意，就必须使语言准确简洁。准确是指说话时语言具有科学性，即所说的话要确切、清晰地表现所要讲述的事实和思想；简洁是指语言的精练，即词简意达，用语经济，用较少的词语去描绘和概括丰富的生活内容。要达到语言准确简洁的标准，首先必须提高认识，明确说话准确简洁的内涵及意义；其次要加强平时的积累，建立宏大的"词汇库"和丰富的话题库；再次要善于吸收学习古汉语及国外的优秀语言；最后要多实践，多进行有针对性的训练。

（三）话随境迁

话随境迁是口才的针对性标准和时空性标准。说话要有明确的对象意识和语境意识，因以人而异，话随境迁，合体得体。不同年龄的人，有着不同的人生阅历、体验和智力水平，对言语形式的识别能力和言语意义的理解程度也不一样，所以说话要因人而异，区别对待。"到什么山上唱什么歌"，就是指说话要注意场合。场合包括说话的社会环境、自然环境和具体场景。具体场景又涉及时间、空间及周围环境等因素。它们虽然无言，却在言语交际中起着不可低估的作用。交际双方对于话题的选择与理解、某个观念的形成与改变，无不与场合有直接联系。这就要求说话者必须估计场合影响，并有意识地巧妙利用场合效应。要做到因人而异、话随境迁，说话者必须具有很强的人际交往意识，时时刻刻自觉地意识到任何口才表达活动都不是自说自话，而是有具体的交际对象和交际场景的。

（四）明白易懂

明白易懂是口才的通俗性标准。话是说给别人听的，要别人听，首先要让人听懂，然后还要让人喜欢听。说话的内容主要靠有声语言来传递，而有声语言声过即逝，听话人不能像阅读文字那样反复阅读，只有当场听清楚了才有可能理解。所以，说话者就应当根据口语"有声性"的特点，采用通俗易懂的口语，易于入耳，好懂易记。当然，偶尔使用专业术语或外语，会特别引人注意，产生心理学所说的"凝离效果"，成为大家注目的对象，但如果使用得太频繁，就会使"凝离效果"减弱，而给人一种故意卖弄的不良印象。

（五）条清理明

条清理明是口才的逻辑性标准。思维规律即"同一律""矛盾律""排中律""充足理由律"，是在运用概念、判断、推理进行思维活动时必须遵守的规律。这些规律要求人们思考问题、表达思想时要保持同一性，有充足的理由，不能自相矛盾，不能模棱两可。遵循这4条基本规律，是说话具有严密逻辑性的总体表现和要求，必须贯穿于说话的全过程，体现在说话的每一个环节中。具体而言，条清理明是指说话有条有理，不颠三倒四，不丢三落四，按照一定的逻辑顺序把事情、道理说清楚，说话者观点明确，前后一致，说理严密，合乎逻辑。

（六）情真意切

情真意切是口才的真切性标准。语言所负载的信息，除了理性信息外，还有情感信息。情感信息的内涵十分丰富，其功能不仅要诉诸人的理智，更要打动人的情感。唐代大诗人白居易即说："感人心者，莫先乎情。"说话时既以理服人，又以情感人，可表现出良好的说话水平。真情实感是联系讲话者与听话者心灵的纽带，成功的口才表达总是流露出说话者的真情实感，而恰恰是说话者的真情实感才能够打动听众，赢得听众的心。因此，真正的口才家都具有收放自如的情感表达能力。

（七）引人入胜

引人入胜是口才的技巧性标准。口才之所以被称为口语表达的艺术和技巧，就在于它有着很强的技巧性。具体而言，就是说话要活灵活现、绘声绘色，要形象化、个性化，要幽默诙谐。良好的口才不仅要求说出的话好说易懂、句式简短，而且还应该活灵活现、绘声绘色。只有形象化的语言才能使讲出的话栩栩如生，使所述之事历历在目，使听者如临其境、如见其人、如闻其声、如触其物，从而产生动听、感人、传神的艺术魅力。因此说话者善于调动语言表达手段，让抽象的哲理物化为活动的景象，让空洞的说教转化为鲜明的画面，同时注意自己的外貌形象和体态动作。

总而言之，口才外化为话语和"态势语"，实际上是一个人综合素质的反映，即它反映了一个人的口头语言表达能力、听话能力、心理素质、认知思维能力、情感表达能力、人际交往意识、人格魅力、知识面、阅历和智慧等。

二、口语表达的常见问题

"舌如刀，一言可置人死地；话如水，语出便无法收回。"因此，出言须谨慎，要适时、恰当而言，妄言、虚言、伪言、狂言，皆是出言的大忌。但要真正做到适时、恰当而言确非易事，人们常在口语表达上存在这样或那样的缺陷。比较常见的口才缺陷有如下几种。

（一）一言堂

一言堂主要表现为卖弄、夸夸其谈。有些人喜欢在交谈中垄断"话语权"，不论到哪里总是口若悬河，总以为自己比别人懂得多，不让他人有讲话的机会。这种人人际交往意识不强，不懂得尊重他人。其实，"话多不如话少，话少不如话好"。在人际沟通中，能适时给别人制造说话的机会，其实更受欢迎。

（二）口无遮拦

俗话说"良言一句三冬暖，恶语伤人六月寒"，因此古人一贯提倡出言谨慎，那些口无遮拦、想说什么就说什么的人，在交际中不会受到他人尊重。只有三思而慎言的人，说话才有真水平。所以，在日常的社交活动中，说话之前要考虑一下要说的话是否适当，以免祸从口出。《增广贤文》中就有"话到嘴边留半句，不可全抛一片心。"的警训。例如，看一个聪明、伶俐、活泼、可爱的孩子，你可能会对孩子的父母说："这孩子今后一定有出息，一定能做官，一定能干出一番事业。"这是真话吗？这不是真话，这是违心的假话，因为孩子的将来还是个未知数。但是，孩子的父母听了会喜欢，说不定还会好酒好菜地款待你一番。但如果你说："这孩子今后一定会死。"这是真话吗？这是真话。因为每一个人最终都是要死的。但孩子的父母听了这种真话，就会骂你打你，也许会记恨你一辈子。

（三）说话武断

在人际交往中，有些人说话武断，只要是他说的话，就是天经地义，一点也不能更改，也没有回旋的余地，并且还常用教训人的语气来说话，结果往往使人际交往陷入僵局。

（四）争强好胜

有些人不仅在正式的场合喜欢和别人争个面红耳赤，就是在闲聊时，也喜欢和别人争辩，非要把别人说服、驳倒。这种人个性好强，往往对自己没有信心，希望通过争论的胜利来说明自己的水平，维护自己的尊严，但"争论的背后往往孕育着危险"。美国著名成功学大师卡耐基指出："普天之下，只有一个办法可以从争论中获得好处，那就是避免它。"这给了我们很好的启示。在口头语言运用的过程中，还要注意克服说话不注意、触犯忌讳、得理不饶人、废话连篇等缺陷。

口才缺陷的出现，是因为在口语交际的过程中，没有自觉遵守口才运用的标准和要求。良好的口才不是天生的，而是后天培养、锻炼的结果，只要明确目标、努力实践，相信一定会有越来越多的人拥有好口才。

单元三　口才的培养

"说话"——张开嘴巴并发出某种声音来，这对大部分人来说都是非常简单的事，因为掌握并运用语言并不意味着有口才，因为口才是恰当的语言与熟练的应用技巧的结合。"能说话"只是形成口才的一个基本条件，"会说话""说得好"才是口才的突出特征，它的形成还需要一些重要的素质做支撑。

一、培养良好的心理素质是口才培养的前提

曾获得某地方电视节目主持人大赛第一名的选手说:"我喜欢演讲,因为我爱那种站在舞台上,当着所有人的面,直抒胸怀的感觉。演讲给我自信,演讲锻炼了我的心理素质和应变能力。演讲对我今后的发展起到了巨大的推动作用。"

一种是恐惧,一种是喜欢;一种是自卑,一种是自信。这两种对待演讲决然不同的态度,说明了说话和演讲不仅仅是口和舌的问题,而是一个人多方面能力和素质的体现,其中心理素质的好坏起着很重要的决定作用。所以,要想拥有出色的口才,就必须磨炼良好的心理素质。

(一)自信心的培养

不管是说话、对话、发言、答辩、谈判、演讲、辩论,要获得临场经验和成功的体验,都必须积极参与,亲身尝试,反复实践。如果因为紧张胆怯、缺乏自信、害怕失败而放弃各种尝试的机会,那你永远也不可能成功。只要不害怕失败,屡败屡战,大胆尝试,笑看得失名利,自信心自然会与日俱增。

一个具有卓越口才的人,往往同时具有渊博的知识、出众的智慧、敏捷的思维、清晰的思路、机警的反应、高超的口语表达能力,尤其是具有良好的心理素质。

(二)自控力的磨炼

我国有谚语云:"病从口入,祸从口出。"弘一法师说:"受得小气,则不至于受大气;吃得小亏,则不至于吃大亏。"后一句虽然说的是吃亏与受气的问题,但告诉我们的却是个人自我控制、自我管理能力的强弱高低,可能会使愿望与结果背道而驰的个中哲理。所以,一个人如果没有良好的自控力,就会信口开河、胡言乱语,不管何时何地,也不管听众的反应如何,长篇大论、口若悬河,哪里还谈得上口才呢!

(三)恒心与毅力的砥砺

口才的养成,既需要口头表达基本功的训练,也需要形体、形象、肢体、表情等态势语训练,还需要训练思维能力、独立思考能力,培养高尚的道德情操;而作为口才基础的知识的积累,也需要一个漫长的过程;口才实践经验的累积,更需在不断的尝试与实战中得到。所以在这样一个口才养成的过程中,一个人如果没有足够的恒心与毅力的支撑,是不可能享受到"风雨过后见彩虹"的成功喜悦的。

二、口才培养需要掌握方法技巧

好口才并不是与生俱来的,而是后天"练"出来的。因为口才是一个人综合素质和综合能力的外化表现。所以,要提高个人口才水平,必须加强自身各方面的知识与修养。口才的养成

是一个系统工程，要掌握规律，循序渐进。只有长期地、持之以恒地实践，刻苦地、勤奋地磨炼、训练，才能有一个飞跃性的提高。那么，怎样才能提高自己的口才水平呢？这就必须要做到"八多"：多看多听、多模多练、多学多记、多思多写。

（一）多看多听

1. 多看

多看，就是通过大量阅读和观赏和演讲与口才有关的文章、书籍、活动、视频等，以期对提高自己的口才水平有所帮助。

多看一些演讲与口才方面的文章和书籍，积累演讲与口才的知识，汲取知识的营养，掌握一些演讲的方法和技巧，吸取一些失败的经验教训，以免重蹈覆辙。

多看别人的演讲，多看一些伟人、名人的演讲、讲话视频，多看一些电视访谈类、脱口秀类、论辩类节目或电视辩论赛，增强对演讲与口才的感性认识，学习演讲的方法技巧，提高对态势语言运用的理解，从中感悟演讲与口才的要义。

2. 多听

演讲者要把话讲给别人听，就要使自己的演讲动听，其前提之一，就是演讲者首先自己要多听。只有多听，才能多悟，多悟才能提高。

多听别人演讲，多听别人说话，以提高有声语言的表达能力。

多听电台、电视台播音员、节目主持人的播音、讲话，提高自己的普通话水平，以达到演讲语言流畅悦耳、优美动听的目的。

多听自己的讲话、朗诵、演讲练习或录音。正如罗马哲人塞涅卡说的那样："在向别人说些什么之前，首先要把它说给自己听。"初学演讲者在正式上台讲话之前，应该反复地练习讲几遍，可以对亲朋好友讲，可以找个偏僻无人的地方讲，也可以对着镜子或录音机讲。每讲一遍，自己都要留心听，仔细地找出语言上的毛病，或请内行人挑挑刺，认真加以改正。如果每次演讲、发言之前都能坚持试讲、试听几遍，长此以往，口才能力定会不断提高。

（二）多模多练

1. 多模

俗话说：光说不练是傻把式。多模，就是指多学习、多模仿，就像我们当初学说话一样，每个初学者都是从模仿开始的。

多模仿一些伟人、名人的说话和演讲，因为他们的说话和演讲都是风格鲜明、独具特色的，有助于我们逐步形成自己的风格。

多模仿一些优秀演说家、演讲者的演讲，从中学习有声语言与态势语言的表达技巧。

多模仿一些著名节目主持人，或相声、小品演员的表演，多学习他们声情并茂、形声共融的表达技巧，以及良好的台风、仪表、风度。

2. 多练

口才技能既不是天生的，也不是无师自通的。"宝剑锋从磨砺出，梅花香自苦寒来。"同其他任何才能一样，口才的获得来自持之以恒的勤奋、刻苦的训练。古今中外一切口若悬河的演讲家，一切能言善辩的雄辩家，一切口齿伶俐的交际家，都是后天靠着自信、勇气、拼搏、锻炼而造就的。

一是要训练有方。语音训练：学好普通话，掌握发音吐词的技巧，做到字正腔圆、准确流畅；朗诵训练：培养良好语感，掌握说话的语气语调、节奏、感情的技巧；交谈训练：包括交谈、对话、论辩，学会如何得当、得体、有序、简洁地说话；演讲训练：掌握演讲表达的技巧，学会如何说得抑扬顿挫、声情并茂、生动感人。思维训练：养成独立思考、独立判断的能力，掌握快速思考、机敏应变的技巧。

二是要持之以恒。口才训练仅靠课堂练习是远远不够的，应该是课内与课外相结合，多形式、多方法、全方位地进行，如读报会、故事会、朗诵会、主题班会、讨论会、座谈会、演讲会、辩论会、说唱会、文艺晚会、总结会、报告会等。口才这个无价之宝的养成，绝非一时一日之功，它只属于勤学苦练的人。古希腊演讲家德摩斯梯尼，刚开始演讲时发音不清，为了练习演讲，他经常在嘴里含着一块鹅卵石练习朗诵诗歌和演讲。当他发现自己在演讲时有爱耸肩的毛病时，便在屋脊上悬了两根绳索，绳索上吊着两把尖刀，自己站在两刀之间苦练姿态。为了掌握广博的知识，为演讲奠定基础，他刻苦学习各方面的知识。为了安心学习，不随便走动，他特意给自己剃了一个阴阳头，告诫自己不要出门，免得失礼。

以《最后一次讲演》闻名于世的闻一多，1919年在清华学习时，长期坚持练口才，从不懈息。他在日记中写道："演说降到中等，此大耻奇辱也。"1月9日又说："夜出外习演说十二遍。"1月10日写道："演说果有进步，当益求精致。"14日，"夜至凉亭练演说三遍"，回宿舍，又"温演说五遍"，第二天，又"习演说"。北京的1月正处严冬，零下一二十度，他却没有提到"冷"！

（三）多学多记

1. 多学

多学与多看有异曲同工之妙，但这里强调的意思又有所区别。多看是指大量阅读和观赏与演讲、口才有关的文章、书籍、活动、视频等，而多学则主要是强调要博学广闻。

广泛学习各种知识。知识是口才的基础，没有知识肯定就没有口才。要想给别人一碗水，自己就应该有一桶水。上自天文，下至地理，古今中外，有关的典章制度、政治经济、科学军事、文化艺术、诗词歌赋、风土人情、历史典故、轶闻趣事等，都应该有所涉猎和学习。

多学各种口才技巧。一个人敢说话、会说话，还不等于有了口才，正如一个人会骑自行车还不是艺术一样，只有杂技演员娴熟的骑车表演才称得上艺术。口才水平的高低，体现在一个

单元三　口才的培养

人说话、对话、演讲或辩论的技术技巧上，诸如声音的字正腔圆、节奏的抑扬顿挫、感情的真挚动人、表情手势的生动形象、控场与应变的巧妙方法等，这些都需要我们进行系统的学习和运用。

多向他人求教学习。人们常说的一句话是"勤学好问"，可知学与问是不离不弃的，所以，多学的另一面是要敢问、会问、不耻下问。我国古代教育家孔子也说过："知之为知之，不知为不知，是知也。"一个人要想提高自己的口才水平，就必须放下架子，丢掉面子，向有经验的口才家、演讲家，或者是对演讲口才有研究、有心得的专家、老师、朋友等虚心求教，不懂就问，这样才能收到事半功倍的效果。

2. 多记

多记，是指博闻强记。光学不记，掌握的知识量、信息量很快就会遗忘，影响学习的效率。所以要强迫自己多记，采用各种记忆方法提高记忆的效果。只有头脑里贮藏了丰富、渊博的知识，说话和演讲时才能信手拈来，引经据典。

记住100句名人名言、哲理格言。诗有诗眼，书有书魂。一首诗有一联名句就可称为好诗；一本书有一句名言，就有阅读的价值；同样，一篇讲话或演讲中，如有一句哲理名言，便能使听众受益匪浅，难以忘怀。因为无论演讲者阐述的观点多么标新立异或超凡脱俗，其实或多或少都是被历史上的名家论述过的。名人名言是永远闪烁着智慧光芒的，而名家所具有的影响力也是恒久存在的。因此，演讲者恰当地引用哲理名言或权威人士的论述，可以大大加强演讲的说服力。

记住100首诗词歌赋。俗话说："熟读唐诗三百首，不会作诗也会吟。"在平常生活中，在说话或演讲时，适当地引用一些诗词歌赋，不仅能产生美的意境，而且还能提高说话者的文学品味和艺术魅力。

记住100个古今中外的动人故事。我们在说话或演讲中，要想说服和鼓动听众，最好的办法，就是让听众首先被你所讲的内容打动，然后，使听众在"夹叙夹议"中不知不觉地接受你的思想和观点。如果只讲一些空洞的、毫无说服力的"大道理"，就不可能增强演讲的可信度和感染力。所以，古今中外的动人故事，就是最好的事实材料。

记住100个幽默风趣的笑话。在一般情况下，听众都渴望听到轻松有趣的讲话或演讲。那种基调过于严肃、内容过于单调的讲话或演讲是难以得到听众好评的。所以，善于在讲话或演讲中穿插一些趣闻、逸事、幽默、笑话等方面的内容，可以使讲话或演讲既形象生动，又能够加深听众的理解和记忆，还有助于调动现场气氛，强化现场效果。

（四）多思多写

1. 多思

孔子说："学而不思则罔，思而不学则殆。"韩愈也认为："业精于勤，荒于嬉；行成于思，毁于随。"言为心声，正常情况下，一个人心里、脑里怎么想，嘴巴就会怎么说。想与说，思维和表达，相互之间交流传递、循环往复，所以多思才能更好地说。

学会独立思考和判断。有声语言区别于书面语言表达的特点，就是想说就说、随想随说。所以要求说话者既要才思敏捷、思维灵活，又要学会独立思考、独立判断、深思熟虑、三思而"言"，不人云亦云、鹦鹉学舌。

领悟他人成功的秘诀。要经常冷静思考，反复分析，为什么有的人讲话非常受欢迎，有哲理、有深度、有广度，使人感动；为什么有的人说话枯燥无味、漫无边际、毫无新意，甚至令人反感。多思，就能从中悟出道理，获得经验和教训。

2. 多写

讲稿、讲词是讲话或演讲者说和讲的基础和依据，没有优秀的讲稿、讲词，对于缺乏经验的讲话或演讲者来说，那是难以想象的。就算是著名的政治家、演讲家，他们每次精彩演讲背后，都是一次精心准备讲稿、讲词的过程。

多写发言稿、演讲稿。不管是什么规模和级别的会议或活动，只要认为自己有发言可能的，就应该争取机会并抓紧时间提前做好准备，认真写好文字稿，并不断地修改、完善，然后把稿子背熟，做到胸有成竹。

多写一些学习演讲与口才的心得体会。把自己对演讲与口才的认识、感受用文字写下来，并上升到理论的高度；同时，把自己在工作、学习、生活中的所见、所闻、所思的闪光语言，写在笔记本上，记录下来，以便日后查阅使用。这就是我们常说的：好记性不如烂笔头。

课后习题

1. 练习绕口令《八百标兵》和《长扁担，短扁担》

《八百标兵》：八百标兵奔北坡，北坡炮兵并排跑，炮兵怕把标兵碰，标兵怕碰炮兵炮。

《长扁担，短扁担》：长扁担，短扁担，长扁担比短扁担长半扁担，短扁担比长扁担短半扁担。长扁担绑在短板凳上，长板凳不能绑在比短扁担长半扁担的长扁担上，短板凳也不能绑在比长扁担短半扁担的短扁担上。

2. 观看演讲录像，仔细揣摩演讲者的礼仪、手势、眼神和身姿等，说说演讲者哪些地方值得学习。

3. 假定你在学校组织的一次演讲比赛中荣获了一等奖，在颁奖仪式上，主持人请你代表全体获奖同学发言，你该讲些什么？

模块六　口才基础训练

学习目标

◎ 了解口才训练的概述。
◎ 掌握如何进行求职面试口才训练。
◎ 能够明确求职面试口才表达礼仪训练。

案例导入

彭玉麟，是清朝著名政治家、军事家、书画家，人称雪帅。与曾国藩、左宗棠并称大清三杰，与曾国藩、左宗棠、胡林翼并称中兴四大名臣，湘军水师创建者、中国近代海军奠基人。官至两江总督兼南洋通商大臣，兵部尚书，封一等轻车都尉。

据传，彭玉麟有一次路过一条狭窄的小巷，一个女子正在楼上用竹竿晒衣服，一不小心竹竿掉下来正好打在他头上。彭勃然大怒，指着女子破口大骂起来。

那女子一看，认出是彭玉麟，冷汗直冒，但她急中生智，一本正经地说道："你这副腔调，像行伍里的人，这样蛮横无理。你可知彭大人就在我们这里！他清廉正直，爱民如子，如果我去告诉他老人家，怕要砍了你的脑袋！"

彭玉麟一听这女子如此夸赞自己，不禁喜上眉梢，意识到方才自己的失态，不再计较，马上走了。每个人都会潜意识地维护好自己的形象以便给别人留下一个好的印象，所以，当一个人生气要发作时最明智的做法就是给对方"戴高帽"，对方被夸赞、恭维一番后，就算有火气，哪还好意思发作？

单元一　口才基础训练概述

口才并不是一种天赋的才能，它是靠刻苦训练得来的。古今中外所有口若悬河、能言善辩的演讲家、雄辩家，无一不是靠刻苦训练而获得成功的。听进去的东西不是口才，讲出来的

模块六　口才基础训练

才是口才；吸收进去的不是口才，表达出来的才是口才。这就要求我们经常开口，所谓拳不离手，曲不离口，学习口才也要不断地开口开口再开口！

一、口才训练应有方法可循

从某种意义上说，口才艺术是一种深层的文化积累，口才的提高靠的是知识的"厚积薄发"。正因为这样，口才的提高有一个过程，且这个过程还可能需要经过一个不短的时间。不断地从书本上吸收知识，在生活中增长阅历和见识，是使口才水平得以逐步提高的重要途径。但事实上，如果全部依赖知识的积累来提高口才，的确是件困难的事，但如果找到了科学的训练方法，就能取得事半功倍的效果，从而大大缩短口才提高的过程。

首先，应该对口才产生兴趣。兴趣是最好的老师，当焦点在口才训练上时，必然会关注平时生活、工作中的口才技巧。兴趣在哪里，焦点到哪里；焦点到哪里，学问到哪里！这种方法进步更快。

其次，不要怕自己没有词汇、没有阅历，其实每个人的故事和经历都可以成为讲话的素材，关键是要敢讲、多讲，多运用新名词去表达。不要怕失败，不要总是追求完美，一切总有个过程。科学家试验证明：一个新的词语，只要你在公众面前讲过5次以上，这个词语就会永远变成你脑海中的一个词条，以后就是属于你的词汇了。一定是讲5次以上，而不是看5次以上或听5次以上，所以要大胆地去表达，讲多了，口才自然就来了。

最后，要多找机会上台演讲。很多同学认为生活中缺少锻炼的舞台，没有公众场合发言的机会。其实，这是一种误区，我们在平时生活、工作中，公众演讲的机会很多，只是我们没有发现，没有意识去参与。如果想突破口才瓶颈，一定要多找机会讲话。例如，每次开会一定要坐第一排，一定要举手发表一下自己的观点；有机会就给自己的员工、小组成员开开会；有机会还可以开开家庭会议，把家庭打造成学习口才的舞台；现在每逢节假日，路演比较流行，一有机会你就要上台去参与，不要在乎别人的眼光，要始终认为你是在锻炼自己。

放下自己，放下一切时，你会发现学习口才非常简单。

我国早期无产阶级革命家、演讲家萧楚女，更是靠平时的艰苦训练，练就了非凡的口才。萧楚女在重庆国立第二女子师范教书时，除了认真备课外，他每天天刚亮就跑到学校后面的山上，找一处僻静的地方，把一面镜子挂在树枝上，对着镜子开始练演讲，从镜子中观察自己的表情和动作。经过这样的刻苦训练，他掌握了高超的演讲艺术，教学水平也很快提高了。1926年，他年方30，就在广州农民运动讲习所工作。他的演讲至今仍受到世人的推崇。

我国著名的数学家华罗庚，不仅有超群的数学才华，而且还是一位不可多得的"辩才"。他从小就注意培养自己的口才，学习普通话，还背了唐诗四五百首，以此来锻炼自己的"口舌"。

单元一　口才基础训练概述

这些名人与伟人为我们训练口才树立了榜样，我们要想练就一副过硬的口才，就必须像他们那样、一丝不苟、刻苦训练，正如华罗庚先生在总结练"口才"的体会时说的："勤能补拙是良训，一分辛苦一分才。"

练口才不仅要刻苦，还要掌握一定的方法。科学的方法可以事半功倍，加速口才的形成。当然，根据每个人的学识、环境、年龄等的不同，练口才的方法也会有所差异，但只要选择最适合自己的方法，加上持之以恒的刻苦训练，就会在通向"口才家"的道路上迅速成长起来。

二、口才基础训练内容

训练口才，涉及的技术范围很广，包括把握基调，练习声音；启迪思维，优化语言；加强记忆，消除心怯；端正态势，典雅台风等。

（一）记忆训练

要具备好的口才，除了思维敏捷、灵活之外，更重要的是必须有充分的准备，而充分准备主要是指对说话内容的熟悉，这就不可避免地涉及记忆。不仅要记忆讲话的素材和讲话的语言，甚至还要记忆精心设计的讲话结构。只有从内容到形式上都记熟了，才能有条不紊、脉络清晰地表达出来。以演讲为例，要口才好、效果佳，其上策就是记讲稿、脱稿表达，照本宣科必然失去讲话的魅力。宣读式的演讲，由于注意力集中在讲稿上，常常缺乏表情与动作的配合，不能充分表达出感情色彩和发言者自己的实际感受，因而使讲话失去生动性，成为枯燥、生硬和呆板的叙述；又由于注意力集中在讲稿上，必然缺乏与听众的"目光交流"。

要脱稿讲话，使口语表达收到最佳效果，最重要的办法就是将主讲的内容背得滚瓜烂熟。但是，在日常工作和生活中，有讲稿的讲话毕竟是不多的，无讲稿的讲话倒是常有。例如，座谈、讨论、论辩、出席邀请会议等，常常"突然袭击"要你讲几句话，发表发表高见。面对这种情况，就要将大脑中储存的有关知识拿出来，稍加组织，为己所用。

由此看来，无论是有稿讲话，还是无稿发言，无疑都借助于记忆。因为记忆是人的知识在大脑中的反应和再现。通过记忆，可以储存信息，把有准备的讲话材料和无准备的素材知识铭刻在脑子里，即使没有稿子或抛开稿子上讲坛，说话也能如行云流水，滔滔不绝。记忆的方法有很多，有人还总结了这样的经验："理解是记忆的基础，争论是记忆的益友，背诵是记忆的根本，重复是记忆的良方，趣味是记忆的媒介，联想是记忆的动力，应用是记忆的要诀，精简是记忆的助手，卡片是记忆的仓库。"

（二）心理素质训练

言语表达时常见的心理障碍主要有紧张感、羞怯感、自卑感和过度的表现欲，应从以下几个方面培养心理素质。

（1）增强自信心。正确认识自我，树立科学的自信；正确看待失败，保持良好的心态。

（2）提高自控能力。明确目标，把握言语表达的方向；控制情绪，保持冷静清晰的头脑。

（3）锤炼坚韧不拔的毅力。

口才表达心理素质训练方法包括以下几点：

（1）运用第一印象，树立权威效应。

（2）运用言语暗示，消除紧张情绪。

（3）运用榜样力量，完善自我。

三、几种常见的口才练习方法

（一）速读法

"读"是指朗读，是用嘴去读，而不是用眼睛去看，顾名思义，"速读"就是快速的朗读。这种训练方法的目的，在于锻炼人口齿伶俐，语音准确，吐字清晰。

速读的方法：找一篇演讲词或一篇文辞优美的散文。查字典、词典把文章中不认识或弄不懂的字、词搞清楚、弄明白，然后开始朗读。一般开始朗读的时候速度较慢，然后逐次加快，一次比一次读得快，最后达到自己所能达到的最快速度。

速读的要求：读的过程中不要有停顿，发音要准确，吐字要清晰，要尽量达到发声完整。因为如果不把每个字的音都完整地发出来，那么，如果速度加快以后，就会让人听不清楚说的是什么，也就失去了快的意义。"快"必须建立在吐字清楚、发音干净利落的基础上，不要为了快而快。

速读法的优点：不受时间、地点的约束，无论在何时、何地，只要手头有一篇文章就可以练习，而且还不受人员的限制，不需要别人的配合，一个人就可以独立完成。当然也可以找同学帮忙，让他帮忙挑你速读中出现的毛病，比如哪个字发音不够准确，哪个地方吐字不清晰等，这样更有利于进行有目的的纠正、学习；也可以用录音机把自己的速读录下来，然后听一听，从中找出不足进行改进，如果有老师指导则更好。

（二）背诵法

此处所要求的背诵，一是要"背"，二是要"诵"。这种训练的目的有两个：一是培养记忆能力，二是培养口头表达能力。记忆是练口才必不可少的一种素质，没有好的记忆力，要想培养口才是不可能的。只有大脑中充分地积累了知识，才可能张口即出，滔滔不绝；如果大脑中是一片空白，那么即使再伶牙俐齿，也无济于事。记忆与口才一样，并不是一种天赋的才能，后天的锻炼同样起着至关重要的作用，"背"正是对这种能力的培养，而"诵"是对表达能力的一种训练，它要求在准确把握文章内容的基础上进行声情并茂的表达。

背诵法，不同于前面讲的速读法。速读法的着眼点在"快"上，而背诵法的着眼点在"准"上。也就是说背的演讲词或文章一定要准确，不能有遗漏或错误的地方，而且在吐字、发音上也一定要准确无误。

背诵的方法：①先选一篇自己喜欢的演讲词、散文、诗歌；②对选定的材料进行分析、理解，体会作者的思想感情。这需要我们逐句逐段地进行分析，推敲每一个词句，从中感受作者的思想感情，并激发自己的感情；③对所选的演讲词、散文、诗歌等进行一些艺术处理，如找出重音、划分停顿等，以利于准确表达内容；④在以上几步工作的基础上进行背诵。在背诵的过程中，也可分步进行。首先，进行"背"的训练，也就是先将文章背下来。在这个阶段不要求声情并茂，只要能达到熟练记忆就行，并在背的过程中自己进一步领会作品的格调、节奏，为准确把握作品打下更坚实的基础。其次，在背熟文章的基础上进行大声朗诵，并随时注意发声的正确与否，而且要带有一定的感情。最后，用饱满的情感，准确的语言、语调进行背诵。

背诵的要求：准确无误地记忆文章，准确地表达作品的思想感情。例如，要背诵高尔基的《海燕》，首先就应该明白它是篇散文诗，是在预报革命的风暴即将来临，讴歌的是海燕——无产阶级战士的形象，整篇散文诗都是热烈激昂的，表达了革命者的爱憎分明。那么在朗诵《海燕》时就要抓住这个基调。当然仅仅抓住作品的基调还是不够的，还要对作品进行一些技巧上的处理，如划分段落、确定重音、停顿等。平平淡淡、没有波澜、没有起伏、一调到底的朗诵是不会成功的。有些人在背诵《海燕》时把握了它激昂奋进的基调，却没有注意朗诵技巧，开口就定在最高的音上，结果到了表达感情的最高点时，就只能是声嘶力竭了。这也是把握欠准确的缘故。如果对作者的思想感情发展的脉络有了准确的把握，就不会犯类似的错误了。

（三）练声法

练声也就是练声音，练嗓子。在生活中，人们都喜欢听那些饱满圆润、悦耳动听的声音，而不愿意听干瘪无力、沙哑干涩的声音。所以，锻炼出一副好嗓子，练就一腔悦耳动听的声音，是演讲前必做的工作。

练声的方法是：①练气。俗话说练声先练气，气息是人体发声的动力，就像汽车上的发动机一样，是发声的基础。气息的大小对发声有着直接的影响，气不足，则声音无力，用力过猛，又有损声带，所以练声时，首先要学会用气。吸气要深，小腹收缩，整个胸部要撑开，尽量把更多的气吸进去，注意吸气时不要提肩；呼气时要慢慢地进行，让气慢慢地呼出。因为在演讲、朗诵、论辩时，有时需要较长的气息，只有呼气慢而长，才能达到这个目的。呼气时可以把两齿基本合上，留一条小缝让气息慢慢地通过。②练声。人类语言的声源是在声带上，也就是说声音是通过气流振动声带而发出的。在练发声以前先要做一些准备工作，放松声带，用一些轻缓的气流振动它，让声带有点准备，发一些轻慢的声音，千万不要张口就大喊大叫，那样只会对声带起破坏作用。声带活动开了，还要在口腔上做一些准备活动：第一，进行张闭口的练习，活动嚼肌，也就是面皮。第二，挺软腭。这个方法可以用学鸭子叫"gaga"声来体会。第三，练习吐字。吐字似乎离发声远了些，事实上二者却是息息相关的，只有发音准确无误、清晰圆润，吐字才能"字正腔圆"。口腔是人的一个重要的共鸣器，声音的洪亮、圆润与否与口腔有着直接的联系，所以不要小看了口腔的作用。

大家都知道，汉字是由音节组成的，而一个音节又可以分成字头、字腹、字尾三部分，这三部分从语音结构来分，大体上可以说字头是声母，字腹是韵母，字尾是韵尾。吐字发声时一定要咬住字头。有一句话叫"咬字千斤重，听者自动容"，说的就是这个意思。所以在发音时，一定要紧紧咬住字头，这时嘴唇一定要有力，把发音的力量放在字头上，利用字头带响字腹与字尾。字腹的发音一定要饱满、充实，口形要正确，发出的声音应该是立着的，而不是横着的；应该是圆的，而不是扁的。但是，如果处理得不好，就容易使发出的声音扁、塌、不圆润。字尾，主要是归音。归音一定要到家，要完整，也就是不要念"半截子"字，要把音发完整。当然字尾也要能收住，不能把音拖得过长。如果能够按照以上的练习要求去做，那么吐字一定会圆润、响亮，声音也会变得悦耳动听。

（四）复述法

简单地说，复述法就是把别人的话重复地叙述一遍。这种方法在课堂上使用得较多，例如，老师让同学们看一段幻灯片，然后请同学复述幻灯片的情节或人物的对话。这种训练方法的目的，在于锻炼人的记忆力、反应力和语言的连贯性。选一段长短合适、有一定情节的文章，最好是小说或演讲词中叙述性强的一段，然后请朗诵较好的同学进行朗读，最好能用录音机把它录下来，然后听一遍复述一遍，反复多次地进行。直到能完全把这个作品复述出来。复述的时候，可以把第一次复述的内容录下来，然后对照原文，看能复述下多少，重复进行，看需多少遍才能把全部的内容复述下来。这种练习绝不单单在于背诵，也可锻炼语言的连贯性。如果能面对众人进行复述就更好了，可以锻炼胆量，克服紧张心理。

以复述法锻炼口才，要求在开始时，只要能把基本情节复述出来就可以，在记住原话的同时，可以用自己的话把意思复述出来；第二次复述时的要求不仅仅是复述情节，而且要求能复述一定的人物语言或描写语言；第三次复述时，应能基本准确地复述出人物的语言和基本的描写语言，逐次提高要求。在进行这种练习之前，最好能根据自己的实际情况和所选文章的情况，制定一个具体的要求。例如，选了一段共有10句话的文章，那么第一次复述时就要把基本情节复述出来，并能把几个关键的句子复述出来；第二次就应该能复述出5~7个句子；第三次就应该能复述出8~10个句子。当然，速度进展得越快，说明你的语言连贯性和记忆力越强。开始练习时，最好选择句子较短、内容活泼的材料进行，以便于把握、记忆、复述。随着训练的深入，可以逐渐选一些句子较长、情节少的材料进行练习。这样由易到难，循序渐进，效果会更好。

这种练习一定要有耐心与毅力。有的同学一开始就选用那些长句子、情节少的文章作为训练材料，结果常常是欲速则不达。其实这就像学走路一样，没学会走就要学跑是一定要摔跤的，而且这个训练有时显得很烦琐、麻烦，甚至是枯燥乏味的，这就更需要我们要有耐心与毅力，要知难而进，勇于吃苦，不怕麻烦。

（五）模仿法

每个人从小就会模仿，模仿大人做事、模仿大人说话，其实模仿的过程也是一个学习的过程，练口才也可以利用模仿法，模仿这方面有专长的人。

1. 模仿专人

在生活中找一位口语表达能力强的人，请他讲几段精彩的话，录下来，以供模仿；也可以把喜欢的又适合自己模仿的播音员、演员的声音录下来，然后进行模仿。

2. 专题模仿

几个好朋友在一起，请一个人先讲一段小故事、小幽默，然后大家轮流模仿，看谁模仿的最像。为了刺激积极性，也可以采用打分的形式，大家一起来评分，表扬模仿最成功的那位。这个方法简单易行，且有娱乐性，课上、课间、课后都可以进行。所要注意的是，每个人讲的小故事、小幽默，一定要新鲜有趣，大家爱听爱学，而且在讲以前一定要做些准备，一定要讲准确、生动、形象，千万不要把一些错误的东西带进去，否则模仿的人也会跟着错。

3. 随时模仿

我们每天都听广播，看电视、电影，因此可以随时模仿播音员、演播员、演员，注意他们的声音、语调、神态、动作，边听边模仿，边看边模仿，天长日久，口语能力就能得到提高，而且会增加我们的词汇，增长文学知识。这种方法要求要尽量模仿得像，要从模仿对象的语气、语速、表情、动作等多方面进行模仿，并在模仿中有创造，力争在模仿中超过对方。在进行这种练习时，一定要注意选择适合自己的对象进行模仿，要选择那些对自己身心有好处的语言、动作进行模仿。

模仿法是一种简单易学、娱乐性强、见效快的方法，尤其适合同学们练习，希望大家能勤学苦练，早日见效。

（六）描述法

简单地说，描述法就是把看到的景、事、物、人用描述性的语言表达出来。其训练的主要目的在于训练同学们的语言组织能力和语言的条理性。无论是演讲、说话、论辩都需要有较强的语言组织能力，没有这种能力也就不可能有一张悬河之口，语言组织能力是口语表达能力的一项基本功。

描述法的方法：①以一幅画或一个景物作为描述的对象，对要描述的对象进行观察。例如，要描述的对象是"秋天的小湖边"，那么就要观察一下这个湖的周围都有些什么，并且要描述这些事物的情形。而这一切都需要用自己的眼睛去观察，用自己的心去体验。只有有了这种观察，描述才有基础。②描述。描述时一定要抓住景物的特点，要有顺序地进行描述。

描述法的要求：抓住特点进行描述，语言要清楚、明白，有一定的文采。描述时千万不要成流水账，平平淡淡，一定要用描述性的语言，尽量生动、活泼些，要有一定顺序，不要东一句、西一句。描述时允许有联想与想象。例如，观察到秋天的湖边有一位白发苍苍的老爷爷，孤独地坐在斑驳陆离的树荫下，可就此展开联想，如想到自己的爷爷，或想到这个老人的生活晚景，或想到"夕阳无限好，只是近黄昏"这个诗句……在描述时，可以把这一切都加进去，使描述更充实、生动。

（七）角色扮演法

角色是指演员扮演的戏剧或电影中的人物。角色扮演法，就是要求我们学演员那样去演戏，去扮演作品中出现的不同的人物，当然这个扮演主要是在语言上扮演。

角色扮演法的方法：①选一篇有情节、有人物的小说、戏剧作为材料。②对选定的材料进行分析，特别要分析人物的语言特点。③根据作品中人物的多少，找同学分别扮演不同的人物角色。比比看，谁最能准确地扮演自己的角色。④也可以一个人扮演多种角色，以培养自己的语言适应力。

这种训练的目的，在于培养人的语言的适应性、个性，以及适当的表情、动作。这种训练法要求"演"的成分很重，有别于对朗诵的要求。它不仅要求声音洪亮、充满感情、停顿得当，还要求能绘声绘色、惟妙惟肖地把人物的性格表现出来，而且要配有一定的动作和表情。从这个角度看，角色扮演是有一定难度的，但只要我们朝着这个方向努力，就一定会成功。

（八）讲故事法

讲故事，可以训练人的多种能力。因为故事里面既有独白，又有人物对话，还有描述性的语言、叙述性的语言，所以讲故事可以训练人的多种口语能力，也是练口才的一种好方法。

（1）分析故事中的人物。故事的情节性是十分强的，而且故事的主题大都是通过人物的语言、行动表现出来的，所以在讲故事以前要先研究人物的性格特征，以及人物之间的关系。例如，要讲《皇帝的新衣》这个童话故事，那么就要分析其中的几个人物，以及他们的性格，然后把国王的愚蠢无知，骗子的狡诈阴险，大臣的阿谀奉承、不分是非，乃至小孩的天真无邪都用语言表现出来，这是一项十分艰巨的工作。

（2）掌握故事的语言特点。故事的语言不同于其他文学形式的语言，其最大的特点是口语性强、个性化强。所以当拿到一个材料的时候,不要马上就开始练习讲,而要先把材料改造一下,改成适合自己讲的故事,这个工作可以请老师或父母帮忙。

(3)反复练讲。对材料做了以上的分析、加工以后,就可以开始练讲了。通过反复练讲达到对内容的熟悉,最后能使自己的感情与故事中人物的感情相隔合,做到惟妙惟肖地表现人物性格,语言生动形象。

另外,边练讲边要注意设计自己的表情、动作,看看自己讲故事时的表情、动作是不是与所讲的内容相一致。其要求是:①发音要准确、清楚。平舌音、翘舌音、四声都要清楚,最好能用普通话讲。②不要照本宣读。讲故事是不允许手里拿着故事书照着念的,那样就成了念故事了。讲故事要用自己的语言去讲,那样才能生动、形象。

讲故事法要达到的目标是锻炼最大胆地发言,锻炼最大声地说话,锻炼最流畅地演讲。

(九)写日记法

写日记是最好的自我沟通方法,每天写上一篇日记,既整理了自己的思路,反省了当日之进步与不足,梳理了自己的情绪,又可以学会造词造句,天长日久,手能写之,口必能言之。

训练口才的方法很多,并不仅限于以上9种。例如,有人总结出了"七日训练法""绕口令训练法"等,这些也都是一些好的训练方法。而且同学们在练口才时,一定也会总结出一些适合自己的训练方法,只要此法对练口才有益、有效,就不失为一种好的方法。另外,同学们也不要仅仅拘泥于一种方法,不妨找几种适合自己的方法,见缝插针,相信这种综合训练收效更大。

四、口才训练计划

(一)积极心态训练

(1)自我暗示。每天清晨默念10遍"我一定要最大胆地发言,我一定要最大声地说话,我一定要最流畅地演讲。我一定行!今天一定是幸福快乐的一天!"(平常也进行自我暗示,默念或写出来,至少10遍。)

(2)想象训练,至少5分钟想象自己在公众场合成功的演讲,想象自己成功。

(3)至少5分钟在镜前学习微笑,展示自己的手势及形态。

(二)口才锻炼

(1)每天至少与5个人有意识地交流思想。

(2)每天大声朗诵或大声讲至少5分钟。

(3)每天训练自己"三分钟演讲"一次或"三分钟默讲"一次。

(4)每天给亲人、同事至少讲一个故事或完整叙述一件事情。

（5）注意讲话时的一些技巧：

①讲话前，深吸一口气，平静心情，面带微笑，眼神交流后开始讲话。

②勇敢地讲出第一句话，声音大一点，速度慢一点，说短句，语句中间不打岔。

③当发现紧张卡壳时，停下来有意识地深吸一口气，然后随着吐气讲出来。

④如果表现不好，自我安慰："刚才怎么又紧张了？没关系，继续平稳地讲"；同时，用感觉和行动上的自信战胜恐惧。

⑤紧张时，可以做放松练习，深呼吸，或尽力握紧拳头，再迅速放开，连续10次。

（三）辅助锻炼

（1）每天至少用20分钟阅读励志书籍或口才书籍，培养自己的积极心态，学习一些技巧。

（2）每天放声大笑10次，乐观面对生活，放松情绪。

（3）训练接受他人的视线、目光，培养自信和观察能力。

（4）培养微笑的习惯，要笑得灿烂、笑得真诚，锻炼亲和力。

（5）学会检讨，每天总结得与失，写心得体会。每周要全面总结成效及不足，并确定下周的目标。

单元二　发音训练

发音训练的目的在于锻炼人口齿伶俐，语音准确，吐字清晰；同时培养自信心，克服你在沟通中可能出现的胆怯、羞涩、自卑等心理，改造你个性中不好的方面，让自己充满自信地与人交际。

一、气息的把握

掌握用气发声、共鸣控制和吐字归音等发声技能，了解科学的用声方法和嗓音保健知识，使语音响亮、圆润、持久。

第一，呼吸器官与呼吸原理。

第二，几种呼吸方式的比较。

第三，胸腹联合式呼吸法的要领。

第四，呼吸控制的训练法。

第五，综合练习。

单元二 发音训练

训练设计：普通话气息训练。

1. 闻花香

请想象有一盆米兰或蜡梅，幽幽的清香向你阵阵袭来，你柔和地、不出声地用深呼吸嗅着花香——胸部极力扩张，小腹尽量收缩，让浓郁的香气一直吸到肺的底部。

2. 吹手心

有如做"气功"那样站立，腿微微叉开，肩松头正，目平视，手臂前伸，掌心朝向自己面部，用胸腹联合呼吸法做深呼吸，呼吸时徐缓均匀地吹着吐出气息，使手掌心不明显感到气流吹来。

3. "狗喘气"

先做几次深呼吸，然后做几次快速的浅呼吸，使肌肉群兴奋起来，接着，用小腹（不是胸腔）快速收缩、扩张的方式喘气，先慢后快，直至快而均匀地"喘"起来。

4. 气息操

双目微闭，站立为宜。自练时心中默念口令，集体练时由一人领操。气息操共10节：快吸快呼——慢吸慢呼——快吸慢呼——慢吸快呼——深吸浅呼——浅吸深呼——鼻吸鼻呼——口吸口呼——鼻吸口呼——口吸鼻呼。

5. 气推声

（1）吸足气——用吹"灰"方式发"u"；吸足气——用叹气的方式发"u"；吸足气——用咳嗽方式发"u"。

（2）吸气数一、二、三、四、五、六、七、八、九、十；吸气数一二、三四、五六、七八、九十；吸气数一二三四五、六七八九十；吸气数一二三四五六七八九十。

6. 气声数数

先吸足一口气，屏息数秒，然后用低微、均匀并带有气息的声音（如说悄悄话那样）数1~100，中间不换气。

7. 压腹数数

平躺在床上，吸足一口气，然后在腹部压上一摞书，开始数1~50。

8. 跑步背诗

做中长距离跑的开始阶段，当呼吸出现轻微喘息时背几首古诗。最初做此训练时，可两人配合进行，二人并肩小跑，一递一句地背下去。

9. "数葫芦""抬米"

吸足一口气然后数下去。

（1）短语练习：一个葫芦/两个葫芦/三个葫芦……

（2）句子练习：一个蚂蚁抬一粒米/两个蚂蚁抬两粒米/三个蚂蚁抬三粒米……

二、吐字归音

（1）口腔控制要领：唇舌灵活、力量集中；打开口腔；结合咬字，松下巴。

（2）吐字归音法：出字，立字，归音，枣核型。

（3）口腔控制训练。

三、共鸣训练

（1）共鸣器官：胸腔、喉腔、咽腔、口腔、鼻腔、头腔。

（2）控制共鸣的训练：①脊背挺直而舒展，颈要正，不前探，不后挫；放松颈部肌肉，保持咽道通畅；两肩自然下垂。②胸部不要故意挺出，要自然放松，吸气不要过满。③下颌放松，活动灵便，适当打开口腔，上下槽牙间保持一定距离。④声带发出的声音，要像一条带子，向下与气息相连，从小腹抽出，垂直向上，经过咽部，成为一束声流，沿上颚中线向前，冲击上颚前部，流出口外。

四、用声与嗓音保护

（1）喉部发声控制。

（2）生活中的嗓音保护。其基本原则是科学和积极：要学会科学用声方法，通过练习增强发声能力，增强体质，防止感冒；保证充足的睡眠，戒烟戒酒。

五、普通话口部操训练

（1）开：打开口腔，提颧肌、开牙关、松下巴。

（2）喷：双唇紧闭，突然打开，力量往唇中部集中。

（3）咧：先把唇撅拢，然后尽量咧开。

（4）撇：双唇紧闭，撮起来，向左右撇。

（5）绕：撮唇绕圈。

（6）刮：刮舌。

（7）弹：弹舌（此节可换成"缩"，即舌头后缩）。

（8）顶：以舌顶两腮。

（9）转：舌围口转。

（10）立：舌左右立。

单元三　口才表达方式训练

口才表达方式包括复述、叙述、描述、解说、评述等。

一、复述

（一）概念

复述就是把读过、听过的语言材料重新叙述一遍。

（二）基本要求

（1）忠实于原材料的内容和要点。
（2）完整准确地体现原材料的中心和重点。
（3）条理清楚，反映各部分内容的内在联系。
（4）口语化，尤其要注意将书面句式、词语转化为口语。

（三）类型

1. 详细复述

详细复述是将原材料的内容原原本本地重述出来。做详细复述，要语脉清晰，细而不乱，通俗易懂，让人一听就明白。详细复述可以推动富有表现力的书面语汇向口头语的迁移，丰富我们的口语，也是对思维的条理性和记忆力的一种锻炼。

2. 概要复述

概要复述类似于写作中的缩写，与扩展复述、变角度复述都属于对原文字材料的一种再创作。

概要复述的要领是把握整体，理清线索；紧扣中心，舍去枝叶；保留主干，缩减篇幅，反映原貌。

3. 扩展复述

扩展复述是对原材料作适当的扩充展开的重复性、叙述议论性材料的扩展复述——增加论证层次，补充论据，作深入的剖析，包括说明性材料的扩展复述——对所述内容增加细部说明和记叙性材料的扩展复述——通过合理的联想补充细节。

扩展复述的要领是根据原材料展开合理想象，但不背离原意及基本框架；根据中心确定重点扩展的部分；根据表达需要运用描述、渲染等手法。

4. 变角度复述

变角度复述类似于作文的改写。从体裁角度而言，可以把戏剧变为故事，把文言文变为白话文。从人称运用角度上说，可以变换人称。从顺序上说，议论性材料可变换论证结构；说明文则可以改变解说的角度；记叙性材料可以变换顺序，还可安排插叙。

变角度复述的要领是注意扩充有理，扩展有度；注意人称转换后内容的修改；变换顺序的复述，要注意衔接。

二、叙述

（一）概念

叙述即把人物的经历或事情的发展变化讲出来。

（二）基本要求

（1）抓住陈述对象的特征或内在关系或逻辑。

（2）把握好叙述的语脉——说话时的思路。叙述清楚事物发生的时间、地点、人物、起因、经过、结果6要素；讲究叙述的顺序、过渡；注意叙述过程中人称的明确，不要随意更换；注意内容裁减的详略得当，为中心服务。叙述的语言要求简明、完整、符合逻辑、有中心。

三、描述

（一）概念

描述即把人物或事物的各种状态用生动形象的口头语言具体地表现出来。

（二）基本要求

（1）抓住特征，绘声、绘色、绘形，以声传神。

（2）力求鲜明生动，多使用修辞手法和声音技巧。

（3）恰如其分地运用拟声、双关语，可增加感染力。

（4）选用带有较为鲜明的自然色彩与感情色彩的词汇，选用表现力丰富且修饰性较强的词汇来组句。

四、解说

（一）概念

解说是说明事理的一种口语表达方式。

（二）基本要求

（1）用语准确，将深奥的道理通俗化，抽象的事理生动化，繁杂的程序简明化，静止的事物动态化，生硬的表现形象化，枯燥的东西趣味化。

（2）解说注意运用恰当的停顿、重音、吐字、语速等语言表达技能。

（3）常用的解说方法有下定义、讲特征、作分类、用比较、作分析、打比方、列纲目、举数字、引材料、用图表等。

（三）类型

从形式上可分为简约性解说、细致性解说；从功能上可分为阐明性解说、纲目性解说；从用语特点上可分为平实性解说、形象性解说和谐趣性解说。

（1）简约性解说。对各种信息进行筛选和过滤，舍弃旁枝侧叶，提炼解说的中心，选择规范、言简意赅的语词，使口语"约而达，微而臧"，收到以少胜多的效果。

什么是警句？警句是发人深思让人警醒的句子。

什么是偏见？偏见是偏向一方的见解。

（2）细致性解说。要求解说者对内容作具体细致的讲解，对相关的细节作详尽的阐说，使听众对内容有全面具体的把握，不可三言两语点到即止。

（3）阐明性解说。这是对一种见解作言之成理的分析和说明，其方法有举例子、作比较、讲特征、作分解等。

最耐寒的鸟并不是企鹅。南极的企鹅常年在-40℃-70℃的温度下生活，但它并不是最耐寒的鸟。科学家曾对鸟类的耐寒情况做了一次实验：在一个透明、密封、便于观察的箱子里，放进几种特别耐寒的鸟。一开始就把温度调到-80℃，这时南极的企鹅几分钟就经受不住了；接着又把温度下调20℃，企鹅立刻趴下不动了。但是鸭子却仍然嘎嘎地叫着，并蹒跚着行走，还用扁嘴去拱不能动弹的其他鸟类。由此看来，最耐寒的鸟应该是鸭子。

（4）纲目性解说。纲目性解说是提纲挈领地分点说明事物、事理的方法，可分为分列式、条目式、层递式等。

（5）平实性解说。平实性解说一般极少修饰，直截了当地把事物、事理讲清楚，它的朴实无华有时会使人更觉得可靠和值得信赖。

握手也有学问。比如初次相识，或对长辈，除了握手，还应将身子欠一欠，这是有礼貌、有涵养的表示。性别相同，通常是年纪轻的先伸出手；性别不同，要由女士先伸出手才能握手。女士不伸出手，男士可以欠欠身表示礼貌。握手的紧松和时间的长短要视亲疏而定。冬天，应该摘下右手的手套握手，如果来不及脱，对方就同你握了手，应该说一句表示歉意的话。但女人同男人握手，就不一定非脱手套不可了。

（6）形象性解说。形象性解说，常常在议论、说明和叙述时运用，在描述中运用比喻、拟人、借代等修辞手法。

（7）谐趣性解说。谐趣性解说是使解说蒙上一层诙谐或幽默的色彩，它会使解说更有吸引力。有时是以点染成趣的方式出现，让人在联想中品味其理；有时整段解说妙语连出，人们听解说就是一个愉快的接受过程。

哑剧表演艺术家王景愚曾经这样介绍自己："我就是王景愚，就是表演《吃鸡》的那个王景愚。人说我是多愁善感的喜剧家，实在不敢当，只不过是个'走火入魔'的哑剧迷罢了。你看我这40多公斤的瘦小身躯，却经常负荷着太多的忧虑和烦恼，而这些忧虑和烦恼又多是自找的；我不善于向我敬爱的人表达敬和爱，却善于向憎恶的人表达憎与恶，然而，胆子并不大。我虽很执拗，却又常常否定自己。否定自己既痛苦又快乐，我就生活在痛苦和欢乐交织的网里，总也冲不出去。在事业上有人说我是敢于拼搏的强者，而在复杂的人际关系面前，我又是一个心无灵犀、半点不通的弱者，因此，在生活中，我是交替扮演强者和弱者的角色。"

五、评述

（一）概念

评述是对某事物、事情发表看法、阐明观点的一种口头表达方式。

（二）基本要求

实事求是，是褒是贬，观点鲜明；语气中肯，简明达意，以理服人；观点鲜明，论据充分，论证符合逻辑。

（三）类型

（1）重点评述。抓住事物、书籍给自己印象最深的某一方面、某一动作、某一情节等进行评述，针对性强，重点突出，避免面面俱到，毫无突破。

（2）全面评述。这是对某一事物从不同的侧面、不同的角度进行详细的评论。

单元四　思维训练

进行思维蓄念，有助于提高语言素养、提高演讲与口才水平。总而言之，好的思维训练有助于一个人演讲与口才的提高。

一、思维同语言的关系

（1）思维同语言的关系非常密切，语言既是交际的工具，也是思维的工具。例如，用普通话进行思维就能帮助提高普通话水平。

（2）从思维到语言的转化很重要，其包括三个阶段：①构造阶段。②转换阶段。③执行阶段。

（3）口语交际训练有助于思维能力的发展。

二、口语交际中的思维训练

1. 思维条理性训练

在说话过程中，为了使思维有条理，讲话有条理，要注意适时留下"思维路标"。常用的方法有以下几种：

（1）插入语："首先""其次""再说""总之""可是""总而言之"等。

（2）关联词语："因为""所以""但是""然而"等。

（3）称代重提或词语重复："……一位老师走了进来。这位老师……""锻炼有什么好处？锻炼……锻炼"

2. 思维敏捷性训练

【课堂训练】

限时推理训练。

某学校一宿舍住着甲、乙、丙、丁4人，住宿规则规定，每晚由最后一个回宿舍的人关电灯。有一次这个宿舍电灯亮了一夜，不知是谁忘了关灯。总务处来查问这件事，丙说："我比乙先进宿舍。"甲说："我进宿舍时看见乙正铺床。"乙说："我进宿舍时丙和丁都睡了。"丁说："我很疲倦，一上床就睡着了，什么也不知道。"请说说看，是谁忘了关电灯？

限时一分钟，回答推理过程和结果。

【课堂训练】

快速归类训练。

（1）表示或描述"手"的动作的词有哪些？

（2）说出带"不"字的成语。

3. 思维灵活性训练

【课堂训练】

灵活应变训练。

一次，一位作家到一所大学去讲演，对热心的学生提出的各种问题，他都给予直率的答复。一位学生送上一张字条问道："既然是真的，就是存在着的，就应该给予表现，这就意味着文学作品什么都可以写。"作家拿过字条问是哪位同学写的。台下站起来一位女同学。作家见是位女孩子，脸上长着个小疮，就开玩笑说："你把学生证给我看看好吗？"这位女同学迷惑不解。作家说："我要看看你的学生证是不是贴着脸上长疮的照片。我想是肯定不会的！"

训练要求：讨论后回答

（1）作家灵活作答的方式比正面回答是不是好一些？为什么？

（2）如果你是那位作家，你会怎么回答？

【课堂训练】

思维的灵活性还表现在选择表达方式的灵活性上。例如，"凡是人，都是有情的"这一思维结果，可以根据不同语境的需要予以多样性表述。

所有的人都是有感情的。/是的，你，我，和所有的人一样，都是有感情的。/人世间不存在没有感情的人。/没有感情的人是不存在的。/哪里会有没有感情的人？/作为人，怎能会没有感情呢？/难道有没有感情的人吗？/没听说过，人会没有感情？

同桌讨论后全班范围内提问，以下面的命题，做灵活多样的表述：①该来的人还没有来；②好男儿志在四方。

4. 思维新颖性训练

【课堂训练】

就以下命题，试着从"我"的角度说说见解，要从新角度来阐发。

（1）知足者常乐。

（2）大学生"下海"的利与弊。

训练方法：个人快速拟出发言提纲，教师课堂抽问。

单元五　听力训练

听力训练是学习口才过程中很重要的一部分。进行听力训练不仅仅是在学习，也是一种能力的培养。

一、听记训练

训练要领：用文字符号把听到的话语迅速写下来的能力训练；可以由易到难地练习听记的本领；听记故事—听读文章；听读记叙性文章—听读说明性文章—听读议论性文章；按内容的顺序听记—边听、边概括听记—边听、边综合听记—听后重组听记。

【技能训练】

训练目标：

（1）初步掌握边听、边详细记录要点的本领。

（2）学习一些快速听记的技巧，提高听记技能。

训练要领：

（1）听记时，注意力高度集中，并准备好纸笔，养成边听边记要点的良好习惯。

（2）把握听课速记的一些方法：

1）索引式速记法。记下有关听记内容的出处，为课后寻找这些材料提供线索。

2）符号式速记法。自己设计一些常用的符号，代表那些常出现的专用名词或词组，复习时一见便知其意；

3）浓缩式速记法。快速记下主题词、统领句、关键话语。

4）首尾式速记法。记下可推出其意思的起始句、分论点或小结语。

5）提纲式速记法。借用教师的板书或循着讲课人的思路，设计一个内容提纲，作为听课笔记。

此外，还可以学会"跳行记""留空记""划线记"等听记技巧，努力提高自己的快速听记本领。

训练方法：学生准备好纸笔，老师读一篇文章，学生边听边记下听到的所有内容，再将学生记录情况放到投影仪上展示评讲，看谁记得最全。

二、听辨训练

听辨训练是指边听边对听知材料进行准确辨析的能力训练。

【技能训练】

训练目标：能对听知材料的主旨（立意）、正误、类别、美丑等作出比较准确的辨析。

训练要领：

（1）在听话过程中，边听边对话语内容的各个方面进行比较。

（2）注意从听知材料的总体上把握，才能从局部、细节处作出准确的判断。

三、听测训练

听测训练是指根据话语的内容进行推测、判断的能力训练。

听测训练的方法主要有听测结果、听测人物、听测意图，等等。

【技能训练】

训练目标：通过听测训练，锻炼边听边作出合理推测、准确判断的能力。

训练要领：听话时，要在头脑里想象说话人是怎么说的，按照话语内容的逻辑或事件发展的总趋势，来推测话语的结论或故事的结局。

四、听话组合训练

对话语的不同内容进行归类、组合的听话技能训练。

单元六　幽默训练

幽默是能给人带来快乐和赢得他人好感的艺术。幽默在演讲与口才中真的是太重要了，它可以打开初识之际的陌生局面，破解无话可说的尴尬气氛。

一、幽默训练的目的

目的是使语言幽默风趣，增添个人魅力，增进友谊，减少摩擦。

二、幽默训练的操作方法和内容

（1）每天找一条笑话，把笑话背熟，反复操练，尽可能讲得风趣、幽默、诙谐。笑话要求简短易背，这样容易产生成功感。

（2）每天务必在工作或生活中找一样东西或事物幽默一下。

（3）自我暗示。至少用5分钟想象自己在公众场合成功的演讲，想象自己成功；每天放声大笑10次，乐观面对生活，放松情绪。

（4）形态训练。至少用5分钟在镜前学习微笑，展示自己的手势及形态；培养微笑的习惯，要笑得灿烂、笑得真诚，锻炼亲和力；训练接受他人的视线、目光，培养自信和观察能力。

（5）积累话题信息。平时看电视、报纸、杂志、书，交谈，观察时，都有可以拓展话题的源泉。将这些听到、看到、想到的趣事、要事、重要观念、好句子等记下来或剪贴下来，然后一天记下一点，在记忆东西的同时，要思考那些观点和概念。有了一个深思的过程，谈起来就得心应手了。

【训练案例】

毕淑敏：《你生而有翼：毕淑敏散文精选》的概要复述。

训练要领：阅读认真仔细，留意记忆重点；防止取舍不当，偏离中心；口语规范通俗，清晰流畅。复述记叙文，讲清过程；复述议论文，突出论点、论据、推论过程和结论；复述说明文，讲清事物的形状、方位、结构、性能等特征。

【课堂训练】

分组叙述近期对自己感受最深的一件事，时间2分钟。抽2～3名同学在全班讲述。

【课堂训练】

听一段话，如"在夜雨中想象最好是对窗而立。黯淡的灯光照着密密的雨脚，玻璃窗冰冷冰冷，被你呵出的热气呵成一片迷雾"。

训练要求：边听边记要点，概括说话主旨；说明这段材料是怎样围绕主旨选取材料和安排结构的；全班听后评议；思维开阔性训练。

【课堂训练】

请把下面互不相干的20个单音节词，经过想象快速地把它们组合成一首诗，或者说一段描写景物的话。20个字全要用上。

课后习题

发声技巧训练

（一）实训要求

掌握用气发声、共鸣控制和吐字归音等发声技能，了解科学的用声方法和嗓音。

（二）实训内容

训练诗词：岳飞《满江红》

（三）实训方式

分组朗诵，课堂抽查。

（四）综合训练

1.训练题目

（1）用倒叙方式复述《项链》。

（2）叙述近期给你感受最深的一件事。

（3）如果你是一名推销员，推销公司的某一产品（自定），你如何向用户介绍产品的特点和功能？

（4）用谐趣性解说介绍一下自己。

（5）将你看见的黄昏落日的景色进行一番描述。

2.训练要领

（1）按上述语言表达方式的基本要求进行训练；

（2）写出训练提纲；

（3）在训练提纲上标明是哪一种表达方式（包括分类）；

（4）小组讲；

（5）全班讲。

3.评价方式

小组评分与全班评分、老师评分结合进行。

4.评分标准

"语言表达方式"课题作业评价标准见表6-1。

表6-1 评价标准

姓名	班级	作业题目	语言表达方式	评分项目				总分
				表达方式运用准确	语言流畅清晰	普通话标准	体态自然大方	

模块七　求职面试口才训练

学习目标

◎了解口才训练的概述。
◎掌握如何进行求职面试口才训练。
◎能够明确求职面试口才表达礼仪训练。

案例导入

研究生毕业的小刘很健谈，口才甚佳，对自我介绍，他自认为不在话下，所以他从来不准备，看什么人说什么话。他的求职目标是地产策划，有一次，应聘本地一家大型房地产公司，在自我介绍时，他大谈起了房地产行业的走向，由于跑题太远，面试官不得不把话题收回来，自我介绍也只能"半途而止"。

小芳去应聘南方某媒体，面试在一个大的办公室内进行，五人一小组，围绕话题自由讨论。面试官要求每位应聘者先作自我介绍，小芳是第二位，与前面应聘者一句一顿的介绍不同，她早做了准备，将大学四年里所做的事，写了一段话，还作了一些修饰，注重韵脚，听起来有些押韵。小芳的介绍极流利，但美中不足的是给人背诵的感觉。

小王去应聘某电视节目制作机构的文案写作，面试时，对方首先让他谈谈相关的实践经历。小王所学的专业虽说是新闻传播类，但偏向于纸质媒体，对电视节目制作这一块实践不多。怎么办？小王只好将自己平时参加的一些校园活动说了一大通，听起来挺丰富，但几乎与电视沾不上边。

这三个案例说明了面试中的三个需要注意的事项。第一个案例中的小刘，是因为在时间上没有安排好，这犯了面试中的大忌，如果你的自我介绍时间过长，不但不能引起考官的注意，而且还会让面试的考官反感。第二个案例中的小芳的自我介绍过于做作，自我介绍可以事前准备，也可以事前找些朋友做练习，但自我介绍应避免书面语言的严整与拘束，而应使用灵活的口头语进行组织。切忌以背诵朗读的口吻介绍自己，如果那样的话，对面试官来说，将是无法忍受的。第三个案例中的小王是不懂得"投其所好"。自我介绍时要投其所好摆成绩，这些成绩必须与现在应聘公司的业务性质有关。在面试中，你不仅要告诉考官你是多么优秀的人，更要告诉考官，你如何地适合这个工作岗位。那些与面试无关的内容，即使是你引以为荣的优点和长处，你也要忍痛舍弃。

单元一 求职面试口才准备训练

常言道："不打无准备之仗。"求职面试犹如领兵上阵，盲目出击、麻痹大意必然招致失败，只有精心准备、知己知彼方能取得胜利。因此，对求职者来说，准备工作就显得尤为重要。

训练一：心理准备训练

【训练目标】

（1）掌握面试心理准备的训练方法。

（2）对照自身情况，找出不足之处。

【训练内容】

（1）训练内容：知己。

训练要求：

第一，了解自己。其主要包括：个人的兴趣、爱好、特长；个人的优点和缺点；个人最喜欢做的事和最不喜欢做的事；专业成绩；参加过哪些社会活动并取得什么样的成绩；最喜欢的社会活动；人际交往的情况；没做成的事情以及原因。

第二，重塑自己。在了解自己的基础上，要求求职者在求职面试之前，对招聘单位最欢迎什么样的人有一个初步的了解。

（2）训练内容：知彼。

第一，了解就业形势。求职者在求职前有必要了解本地区就业的情况以及职业市场的发展趋势，同时还要进一步对各个行业作深入的了解和比较。

第二，了解用人单位。求职者有必要对用人单位做深入的了解和研究，不仅要掌握基本的资料，还要知道一些准确和深入的资料，比如工作环境、单位负责人的情况、薪酬分配情况、员工的满意度、报酬福利等。

第三，了解工作性质和内容。每一位求职者很有必要在事前对所求职的工作做一番了解。

（3）训练内容：心理状态调解训练。

第一，充分的自信心。自信是实力的表现。有信心才会有热情和勇气，才会拿出百倍的精神去面对困难，克服困难。

第二，有竞争意识。求职者要有主动竞争的意识，主动出击，以积极的心态去争取机会。

第三，一颗平常心。求职者一定要保持一颗平常心，正确对待得失，要看到"这棵树"以外还有"一大片森林"。

【案例分析】

一位教师带领学生前往集团一家公司应聘，总经理是该教师的大学同学。工作人员为每位学生倒水，席间有位女生表示自己只喝红茶，学生们在有空调的大会议室里坐着，大多坦然接受服务，没有半分客气。当老总办完事情回来后，不断向学生表示歉意，竟然没有人应声。当工作人员送来笔记本，老总亲自双手递送时，学生们大都伸着手随意接过，没有起身也没有致谢。从头到尾只有一个同学起身双手接过工作人员递过来的茶和老总递来的笔记本并客气地说了声"谢谢，您辛苦了"。

最后，只有这位同学收到了这家公司的录用通知。有同学很疑惑甚至不服："他的成绩并没有我好，凭什么让他去而不让我去？"教师叹气说："我给你们创造了机会，是你们自己失去了！"

问题：请结合案例分析这些学生失去机会的原因。

【训练设计】

（1）每一位求职者很有必要在事前对所应聘的工作做一番了解，具体应了解哪些内容？

（2）北京高校毕业生就业指导中心曾对150多家国有大中型企事业单位、民营企业及高新技术企业、三资企业的人力资源部门进行了问卷调查。调查结果显示，以下8种特质最受用人单位的青睐：在最短时间内认同企业文化；对企业忠诚，有团队归属感；个人综合素质好；有敬业精神和职业素质；有专业技术能力；沟通能力强，有亲和力；有团队精神和协作能力；带着激情工作。请你结合训练内容谈谈为何具备以上8种特质的人最受用人单位的青睐。

训练二：资料准备训练

求得一份工作，要注意的环节很多，其中就包括简历和资料的准备。

【训练目标】

（1）了解简历的内容。

（2）掌握制作简历的方法。

【训练内容】

（1）训练内容：制作简历。

模块七 求职面试口才训练

第一，实事求是，突出诚信品质。

第二，细致周到，亮出个性特长制作简历。

第三，定位准确，显出缜密思路。

第四，文从字顺，秀出基本功底。

第五，新颖醒目，透出睿智慧心。

（2）训练内容：相关资料和物件的准备。

第一，简历的复印件。

第二，学历证书、学位证书、所获奖励文件的正件和复印件。

第三，推荐信。

第四，招聘广告、用人单位的相关资料。

第五，事先罗列出你的问题，以备有机会发问时提出。

第六，发表过的文章、写过的报告及计划书等，尤其是与申请的职位有直接关系的。

第七，一寸和两寸的照片若干张。

第八，身份证。

第九，一本小笔记本和两支钢笔（水笔）。

【案例分析】

"第一次求职就成功了，很多人都觉得我很幸运，当然主要得益于自己'诚信的简历'"同样是应届毕业生，小徐算是最早找到工作的一批了。

面试在下午4点，肚子比较饿，别人都在紧张地走来走去，小徐却拿出巧克力来吃，一边闭目养神。轮到她面试了。那天她和面试官除了讲到她在国内核心期刊发表的论文、自己大学期间的成绩，更多的是讲到了她喜欢的巧克力，讲到了崇拜的歌星，讲到了她在上海电视台参与拍摄的短视频……这些经历足够让面试官了解她是一个兴趣广泛、精力充沛、热爱生活的人。

由于专业不是会计，而是经济学，她在简历上明确写出了自己没有在会计师事务所工作或实习的经历，本来这是个劣势。面试官却认为她具备了一个会计师需要的品德：诚实……在她离开的时候，她拿到了面试官递过来的offer，这样她成功了。

问题：（1）结合案例谈谈简历的重要性。

（2）简历制作中我们要注意哪些内容？

【训练设计】

（1）制作两份不同样式且适合自己的简历。

（2）假如你是一位将要到某酒店应聘大堂经理的毕业生，请设计一份简短的自我介绍。

分组演练，小组成员分别扮演应聘者和招聘主管，模拟训练后总结得失。

单元二　求职面试口才表达礼仪训练

礼仪能够体现出一个人的素质。这也是用人单位对求职者的考核内容之一。但许多人都有一个认识误区，以为面试礼仪是指在面试官面前该保持的礼貌和修养。实际上，许多用人单位从求职者一跨入面试场地或还未进入面试场地，就已经开始观察他们了，给他们打分，甚至有些人还没见到面试官就已经被判为不合格了。

因此，求职者要提高警惕，务必从严要求，将靠近考场的那一刻当作面试的开始，一言一行都要大方慎重，切莫大声喧哗、嬉笑吵闹、东张西望、行色匆忙，也不宜手插口袋、背手、袖手、靠墙、倚门，更不要对考场人员和设施指手画脚、议论纷纷。

【训练目标】

（1）了解面试前需要掌握的表达礼仪内容。

（2）掌握面试前表达礼仪训练的方法。

【训练内容】

训练一：面试前的礼仪

训练内容：

（1）提前到达。

面试时一定要提前赶到面试地点，一般提前10～15分钟为宜（提前半个小时以上也被视为没有时间观念）。最好在面试前能够去一趟洗手间，再梳理一下头发、整理一下着装、擦拭一下皮鞋，对着镜子，给自己一个肯定、自信的微笑，然后轻松上阵。

数十名大学生到一家颇具实力的公司应聘，经筛选剩下4名佼佼者。他们4人从才学、能力看，都不分胜负，于是总裁想出一个主意，在每人面前放上装满咖啡的一次性咖啡杯，让他们饮用，自己出去接个电话，而让其他人员随意出入。

这时总裁观察发现只有一个大学生对办公室的出入人员轻轻点头，并在出门时把咖啡杯放进纸篓里。

最后这位同学被录用，而其他3位同学面试失败。

公司的老板在面试过程中借故离开，在面试者都放松警惕的状态下，采用细节观察法对面试者的礼仪进行考核。因为礼仪在不同程度上反映了一个人的内在素质和修养。

（2）等候期间的注意事项。

进入面试单位，若有前台，则开门见山说明来意，经指引到指定区域等候；若无前台，则找工作人员求助。记住，在询问或与他人交谈时，要使用"你好""请问""谢谢"等礼貌用语。

等候期间保持安静和正确的坐姿，不要来回走动，也不要和其他求职者聊天。

最好在进入面试单位之前就关闭手机或设置手机无声。在等待面试期间，不宜大声接听电话或忙碌发短信、玩手机游戏。

在等待期间，不宜抽烟和嚼口香糖（为保口气清新，可于面试前半个小时含一枚口香糖）。

（3）轻敲门、慢关门（除非有专人引导）。

如果没人通知，即使前面一个人已经面试结束，你也应该在门外耐心等候，不要擅自进入面试房间。听到喊自己名字时，回答"是"或"到"，要清脆响亮。进入面试房间前要敲门，一般以两三下为宜。如果门是关着的，要以里面听得见的力度敲门，待听到"请进"要回答"打扰了"方可开门进去；如果门是开着的，也要先轻轻地敲两三下门，在获得同意之后，再进入房间。

进入房间后，不要随手关门，要转过身去正对着门，用手轻轻将门关上。

（4）学会等待、适时问好。

关上门后，回过身将上半身前倾30度左右，向面试官鞠躬行礼，面带微笑称呼一声"老师好"，然后报上自己的名字。如果事先从接待人员那里知道了面试官的姓名和职务，可在问好时礼貌称呼，有助于拉近求职者和面试官的距离。但如果不知道，千万不要乱称呼。

如果进门时面试官正埋头整理或填写资料，不要贸然和面试官打招呼，以免打乱他的思路。有时候，面试官会主动要求你先等一会儿。这个时候，你要表现出理解和合作，在一旁静静等待，千万不要东张西望，尤其不要对面试官手头的资料探头探脑。

（5）握手。

握手是一种重要的礼仪。怎样握手和握多长时间，这些都非常关键。

一个人握手的方式，可以反映出他的个性。

第一，用力紧握对方的手，令对方感到疼痛。这样的人精力充沛，自信心极强，但也有虚张声势的一面。

第二，动作稳健，力度适中，且一边握手一边双眼还注视着对方。这样的人听取别人讲话十分认真，一旦作出决定，就难以被人说服更改。

第三，象征性地轻轻一触。这样的人表面冷漠，实则可能是个极随和的人。

第四，双手紧握对方的手。这样握手的人心地善良、待人热忱。

第五，紧握对方的手不放。这样的人性格外向、喜交朋友。

第六，握手时抓住对方的手不断上下摇动。这样的人热忱、乐观，一般不愿怀疑别人。

面试官往往能够通过握手来感知你是否专业、自信，了解你大概的性格。而对于求职者来说，也同样可以通过握手来判断面试官的性格，从而更好地把握接下来的面试问答。

尽管有多种握手的方式，但是求职者在面试时的握手，要力求专业，要传递给面试官自信、大方的感觉。因此，求职者要做到以下几点。

第一，一般要等待面试官的手朝你伸过来，然后握住它。因为按照握手礼仪，先主动伸出手的应是主人、长辈。

第二，握手时双眼要直视对方，面带微笑，同时保证你的整个手臂呈L形（90度），有力地摇两下（不要太使劲摇晃），随后把手自然放下。具体如图7-1所示。

第三，握手时要确保手心是干燥温暖的。一只湿乎乎、冷冰冰的手不仅会引起对方的反感，还会让对方觉察到你过度紧张的情绪。另外，最好不要用两只手去跟面试官握手，这是一种不专业的方式。

图7-1　握手

训练二：面试中的礼仪

训练内容：

（1）坐姿。

在面试官没有招呼你坐下之前，绝对不可以擅自坐下。等听到"请坐"时，要回答"谢谢"，方可坐下。入座后，不要坐满整个椅子，这样会显得太放松随意、漫不经心，也不要只坐椅子的边，这样显得你紧张拘谨、如坐针毡，最佳的方式是坐满椅子的三分之二，上身自然挺直，略向前倾，双膝并拢，双手自然置于其上。切忌抖腿、跷二郎腿，有时候，坐下时需要挪动椅子，一定要把椅子抬起来，轻拿轻放，千万不要拖动椅子致使发出不和谐的噪声。

（2）举止。

面试时，要注意你的举手投足。入座后，双手要摆姿势时，想象有一个和肩膀同宽的盒子放在自己的下巴和腰之间，将所有的手部动作都控制在这个范围内。不能将手臂交叉于胸前，不可挤响手指关节，不要拍手掌、玩手指，不能有挠头、摸耳、转笔、搓衣角、抖腿、看手表等小动作。女士更不能在说话时掩口，会让面试官认为你的回答另有隐情。这些动作对于求职者来说，多是无意识的，但会给面试官留下不好的印象。

（3）眼神。

眼神可以传达一个人的自信，也可以表达出对对方的尊重。

在面试中，要重视眼神的运用。首先，是视线的方向，要正视对方。表达对对方的尊重，并不是直勾勾地盯着对方，而应把目光集中在对方眼睛和鼻子之间的三角形位置上移动，这样会让对方既感觉到被重视又不会觉得你无礼。如果有其他面试官在场，说话的时候眼神也要照顾到他们，以示尊重。其次，是注视的时间。在留意倾听问题或回答时，可将坚定的、自信的目光停留在问话人脸上5~7秒。要避免长时间凝视，否则易给人无礼或痴傻之感；也不要躲闪或回避面试官的眼神，以免给人不自信的印象；也不要左顾右盼、东张西望，显得对所谈问题缺乏兴趣；更不要瞪视、斜视或眯着眼睛看面试官，这都是不礼貌的眼神。

（4）微笑。

微笑是最美的语言。面试中保持自然的微笑，能够消除紧张、展现你的自信、提升你的外部形象，还会增进沟通，拉近你和面试官的距离。

（5）聆听。

要想给面试官留下好的印象，一定要表现出认真聆听的样子，并适时以"是""对""我想是的"等作为回应。聆听是一种礼貌的表现，会让对方感觉到你对他的尊重和对谈话内容的重视。随意打断别人的说话或抢着发言会令面试官觉得你不尊重他，从而对你留下无礼、急躁、轻浮，甚至缺乏教养的坏印象。而对求职者来说，没有听完面试官的话或没听清楚就回答，容易答偏、答错。

（6）谈吐。

面试应答时要表现得从容镇定，不慌不忙，温文尔雅，有问必答。问而不语、毫无反应是很失礼的，虽然有时在应答中难免会碰到一时答不出的问题，但切忌一言不发，可以用几句话先缓冲一下："这个问题我过去从没有认真思考过。从刚才的情况看，我认为……"这时脑子里就要迅速归纳出几条"我想"了，要是还拢不出答案，就先说你所能知道了解的，然后坦率承认，有的东西你还没有经过认真考虑。切勿信口开河夸夸其谈，文不对题，话不及义，会给人以一种无内涵的感觉。面试官考你的并不一定只是问题的本身，如果你能从容地谈出自己的想法，虽然欠完整、很不成熟，也不致对全局产生恶劣影响。

求职者除了回答面试官的提问，有时为了及时了解有关情况，还应学会适时提问或询问。时间一般在面试基本结束的时候，问题要提得委婉得体，不唐突、不莽撞，不要引起面试官的反感。有时，面试官也会主动提出："你有什么问题想问吗？"当遇到这种情况，最不好的回答是："我没有问题了。"你应该抓住时机，弄清自己还未弄清的问题，如"您能否介绍一下这个职位的工作范围？""能否请您谈谈公司未来几年有什么发展计划？"等这类问题，显示出你对新工作的重视与关心。提问时切记：不要问一些太注重个人利益的问题，如"请问一星期休息多少天？""是否有出国深造的机会？""能解决住房吗？""能否让我攻读硕士？"等。提问也有一个技术技巧问题。提得好，会增加人家对你的好感；提得不好，会让人家觉得你太幼稚可笑，不但不能增加好感，有时甚至会产生反感。

单元二　求职面试口才表达礼仪训练

训练三：面试结束时的礼仪

训练内容：

（1）察言观色，掌握面试收尾时间的"火候"。

谁也没有给面试规定时间，但是应聘者心中必须牢记：面试是有限定的谈话，不可久留。

有些求职者为了最大限度地展示自己的优点，往往会在有限的时间内作口若悬河的演说，超出面试规定时间而不自知。而这会令面试官非常疲惫，因而不断作出看手表、变换姿势等动作。虽然面试的各个进程由面试官控制，但面试的每个阶段都有内容上的侧重，面试官的行为也会有一些微妙的变化，求职者要善于察言观色，领会面试官的无声语言，判断面试的进程，适时提出收尾，或者留出时机让面试官从容收尾。

实践证明，成功的面试应有适当的节制，时间长了只有对应聘者不利，而对面试考官毫无损害。适时告辞，留下一段美好的回忆让面试考官品味，比拖延时间的疲劳战术要高明得多。

（2）面试结束要有礼貌。

面试官示意面试结束时，应微笑、起立、握手道别，说"非常感谢给我的这次面试机会。我就静候佳音了。""非常感谢，如果有幸进入贵单位服务，我必定全力以赴"之类的感谢话。并拿好自己的随身物品，走到门旁先打开门，转过身来有礼貌地鞠躬行礼，再次表示感谢和道别后，转身轻轻退出房间，再轻轻将门关上。如有人送，请对方"留步"。

（3）离开考场不忘风度。

走出面试房间后，在走廊及其他用人单位以内，仍要保持安静、礼貌。切莫和人讲述过程，也不能马上打电话。不要兴高采烈大声高叫，也不能无精打采地离去。遇到工作人员或接待人员，要主动点头致谢，并道别。

（4）面试后不忘感谢。

不要把面试结束当作是求职的结束。

某公司招聘，5名彼此不分上下的应聘者经过面试入围。这5人均非等闲之辈，每个人都具备学历、才干，而公司的名额却只有一个。人事部一时没了主意，于是决定召开一个专门会议，打算商量之后再作出决断。

难题拿到会上，出现了冷场。这5个人旗鼓相当，实在难分伯仲。与会者面面相觑，谁也拿不准究竟哪个是最佳人选。

就在此时，秘书小姐推门而入："上午参加面试的曹先生打来电话向各位致谢，他在电话中说：'面试时承蒙各位指教，特致谢意。'"秘书小姐话音刚落，会议室的气氛顿时活跃起来，"就是他！"大家异口同声地说。其中一位感慨道："现在的生活节奏这么快，真是难得有人会主动打电话致谢。"

在这个故事中，曹先生的致谢电话一方面体现了他的礼貌，另一方面也体现了他的细心，说明他是一个做事有始有终的人，因为面试的结束并不表示求职的结束。这样的例子并不少见，有一家外资公司的招聘人曾对一名被录取的中国大学生说："在我们美国，面试后有个惯例，要写一封感谢信给那家给予面试机会的公司，而在50多个应聘者中，你是唯一的一个。"

面试后用书信、邮件或电话方式表示感谢，费不了多少功夫，但很多人都意识不到这一点，也许机会便这样错失了。因此，要把面试后表达感谢当成是面试礼仪不可或缺的一部分，加以重视起来。应聘归来后，最好在24小时内发出感谢的书信或邮件，内容要简洁，如果是书信，最好不要超过一页，信纸的质地要好，字迹要清楚，布局要美观，语言要得体。开头要提及你的姓名及简单情况，然后提及面试时间，并对面试官表示感谢。中间部分要重申你对该单位、该职位的兴趣，重申希望在该单位工作的原因和热忱，表明你能够胜任，也要谈到你在面试中的感受和收获。结尾部分可以表达你的信心或愿意为该单位效劳的意愿。相信这样一封情真意切、文辞优美的答谢信能够助你更加心遂所愿。

应当说，面试的礼仪远不止这些，有些用人单位甚至会刻意安排一些"陷阱"，以考察求职者在自然状态下的素质和修养。因此，求职者要把进入用人单位的第一步当作是面试的开始，一言一行都要慎之又慎。当然，要具备良好的礼仪，更需要求职者在平时就养成良好的习惯，做一个生活的有心人。

【案例分析】

汪莉在应聘武汉某科技公司高级文秘的最后一轮面试中，遇到一名口若悬河的"演讲家"考官。刚开始，汪莉觉得很轻松，边听边点头。但慢慢她发现主考官越讲越兴奋，根本不给自己发挥的机会，于是索性就采用"以静制动"的应对方法，在主考官表达出现卡壳的时候，进行适当的提示，并尽量让自己融入他的"演讲"中，不断点头、微笑……"演讲"结束时，面试也跟着结束，汪莉当场被录取。

问题：结合案例说说面试中汪莉成功的关键是什么？

【训练设计】

（1）组织一次模拟面试，在每个环节设置若干评委进行打分，并写出意见和建议。

（2）模拟表演以下背景的情景剧，展开合理想象，设计人物性格，展现求职面试口才。

用人单位为了招聘到合适的人才，在招聘过程中使用各种招数。某家企业招聘推销员，来了许多应聘者。然而，企业人事经理刚和大家见面，便说："对不起，电梯坏了。"于是，一部分人不慌不忙地待在一楼等修理电梯，另外一部分人拾级而上。可是，该企业位于第32楼，的确太难爬了，一些人半途而废，只有少数应聘者从一楼走到32楼。

（3）吴涛好不容易才通过了用人单位的几道招聘程序，道关下来，还算比较顺利，最后一关是与用人单位领导面谈。面谈中，尽管领导曾当场提示他"不要着急，放松些"，但他急于求成，竟没有注意，常常是领导的话还没有说完，就表示已懂得领导要表达的意思了，并按照自己的理解做了回答。谈话结束了，吴涛回到学校等这个单位的消息。可是，过了预定的日期，他没有收到任何消息，他这才觉得自己在应聘中出了问题。

模拟上述情景，并谈谈吴涛的问题出在哪儿？

单元三　求职面试口才技巧训练

简历能够初步反映求职者的基本情况，而面试更能够直观、全面、深入地评判求职者的综合素质。面试官会关注求职者发言过程中的态度、语言表现力、发言的内容，从中得到一个整体印象，然后进行综合判断。因此，求职者除了加强口语表达能力，还应该事先了解一些常见题型，掌握一些面试的技巧，并有意识地进行面试预演，以便在面试中能够顺利过关。

训练一：基本要领训练

【训练目标】

（1）掌握面试的基本要领。

（2）掌握面试的基本技巧。

【训练内容】

（1）训练内容：正确运用语言。

面试时要做到口齿清楚、语言流畅、语调恰当、音量适中。要适当控制说话的速度，以免磕磕绊绊，注意抑扬顿挫。在交谈时，要注意吐字清晰，发音准确，说话干脆利落，喉部要放松，减少尖音。

（2）训练内容：理性分析、沉着冷静。

求职者要冷静地将消极情绪以减缓的方式控制下来，可凭借机械性的方法自控，如咬紧嘴唇、手捏肌体等，从而达到冷静自己情绪的目的。然后理性分析面试官提出的问题，作出尽可能准确的回答。

（3）训练内容：以诚为本，有自知之明。

面试中，遇到自己不知、不懂、不会的问题时，闪烁其词、沉默不语、牵强附会、不懂装懂的做法均不足取。

有的放矢，听清问题。面试中，如果没有听清面试官提出的问题，或者难于理解对方问题的含义时，可请对方将问题重复一遍，并先谈自己对这一问题的理解，请教对方以确认内容。

（4）训练内容：讲究技巧，简洁明了。

第一，直接回答。第二，智巧回答。第三，巧妙反对。

模块七　求职面试口才训练

【案例分析】

阿智大学毕业时，在宣传广告栏的一张海报上看到一则招聘销售主管的广告，率性不羁的他马上决定去一试锋芒。

他首先制作了一份个人简历。简历中他称自己已大学本科毕业，品学兼优，且在大学阶段已有一段丰富的工作经验。做好简历后，他用计算机将自己满意的一张照片进行加工。将照片的背景变为扑克牌中的红桃A，这样，英俊的他就置身于一片"红桃"之中。他又在照片底部写上："我将是您手中的一张好牌。"这一切都做好了，他便用扫描仪把这份简历和照片扫到他的个人主页中，传送到那家公司的电子信箱内，同时他又将介绍信和照片通过邮局寄到公司。

一天之后，阿智来到公司人事部。参加面试的似乎只有他一个人，他很奇怪。考官问了他一些问题，他很轻松地对答如流。最后，考官叫他写点东西，他想到刚才在办公楼外见到的一些现象：员工们的自行车、摩托车乱放；门卫迎接客人时懒洋洋的，一句招呼也不打；走道上灰尘很多……他下笔有神，很快就写出一篇"管理公关之我见"。

后来他就被考官请到了总经理办公室，总经理很随意地和他聊起天来，说："知道为什么今天就你一个人来面试吗？"他摇摇头："我们最先收到你的个人资料，你可能是唯一通过Email发送个人简历的应聘者！"他恍然大悟。"你的照片背景为什么不是王牌，却是一张红桃A呢？"总经理问，阿智镇定地站着，胸有成竹地说："你们的招聘广告上不是写着'招纳贤士共创大业'吗？我不想做王，只希望为老总你横刀立马，冲锋陷阵，共创大业！"3天后，阿智收到了熠熠闪光的聘书，成为销售主管。

问题：（1）"我只当一张红桃A"体现了阿智什么样的求职理念？

（2）为什么该理念得到了招聘单位的欣赏和录用？

【训练设计】

（1）求职面试应对中常见的错误如下。

①弄虚作假、无中生有。

②抢答插话、滔滔不绝。

③沉默寡言、唯唯诺诺。

④喜好争辩、强词夺理。

⑤抬高自己、贬低他人。

⑥与面试官"套近乎"。

⑦煽情诉苦、博取同情。

⑧主动打探薪酬福利。

⑨不注重面试礼仪。

请全班分成若干小组，分别扮演各自的角色来模拟以上情景，并谈谈在面试口才中如何克服此类问题？

（2）在一次求职面试中，一家企业的招聘者问一位女大学生："国外一家企业的代理人携巨款来我市寻找适宜的投资对象，你作为我市某中型企业的法人代表，请问你将采用什么步骤赢得这笔投资？"这位女大学生略作思考，然后答道："首先，我需要了解对方详细的背景材料，例如，该公司的经营方针、项目、实力、已有业绩，当然也包括这位代表人的个人材料，最重要的是此次来中国的计划。其次，代理人来后，我应当与对方预约见面时间和地点，比如可以通过电话，或是有关机构及个人联系。再次，与代理人商谈时我应当使用他的母语，以增加熟识感和亲切感。最后，这次行动不一定会成功，但是我要尽我的所能给对方留下深刻而良好的形象，以期为下次合作打下基础。"虽然这位女大学生的回答不尽圆满，但招聘单位录取了她。

请模拟上述情景，分析这位女大学生求职成功的口才技巧。

训练二：常见题型训练

面试题型万变不离其宗，总是围绕求职者的工作能力以及对这份工作的态度而展开的。

另外，通过回答，也能够在一定程度上反映出求职者的其他能力和素质。比如语言表达能力、沟通交际能力、思考判断力以及自信、诚信、细心等素质。以下归纳了一些面试中的常见题型，求职者有必要事先对这些问题做一番准备。

【训练目标】

（1）了解面试的常见题型。

（2）掌握面试常见题型的回答。

【训练内容】

（1）训练内容：人际交往和沟通能力的考察。

①自我介绍。其包括：专业知识水平、最突出的技能、个性气质、做过的成功事例、主要的成就等。因此，求职者在自我介绍的时候一定要在3分钟内通过多种信息，大致推断你是否适合所招聘的职位。

②善于和哪些人相处，通过这个问题，面试官能够大概了解到你的沟通能力。

（2）你有什么爱好？

（3）说说你的家庭。

（4）你和其他求职者有什么不同？

（5）你对工资待遇有什么要求？

（6）你的学历并不符合我们的要求，恐怕不适合来应聘这个职位吧？

模块七　求职面试口才训练

【案例分析】

一家公司准备聘用一名公关部部长。经过笔试后，只剩8名考生等待面试。面试限定每人在两分钟内对主考官的提问作答。当每位考生进入考场时，主考官问的是同一句话"请把大衣放好，在我面前坐下。然而，在考试的房间中，除了主考官使用的一张桌子和一把椅子外别无他物，有两名考生听到考官的话，不知所措，另有两名急得流泪，还有一名听到提问后脱下自己的大衣，搁在主考官的桌子上，然后说了句话：还有什么问题？"结果这5名考生全部被淘汰了。

在剩下的3名考生中，一名听到主考官发问后，先是一愣，随即脱下大衣，往右手上一搭，鞠躬致礼，并轻声询问："这里没有椅子，我可以站着回答您的问题吗？"公司对这位考生的评语是"有一定的应变能力，但创新、开拓不足。彬彬有礼，能适应严格的管理制度，可用于财务和秘书部门。"另一名考生听到问题后马上回答说："既然没有椅子，就不用坐了，谢谢您的关心，我愿听候下一个问题。"公司对此人的评语是，"守中略有攻，可先培养用于对内，然后再对外"。最后一位考生听到主考官的发问后，眼睛一眨，随即出门去，把候考时坐过的椅子搬进来。放在主考官侧面1米处，然后脱下自己的大衣。对主考官施礼，说了声"谢谢"，便退出考场房间，把门轻轻关上。公司对此人的评语是："不说一词而巧妙地回答了考题，富于开拓精神，加上笔试成绩俱佳，可以录用为公关部部长。"

（1）请问那5名考生为什么会直接被淘汰？

（2）请结合案例讨论求职者在面试时应该如何以良好的口才赢得面试官的青睐。

【训练设计】

（1）模拟面试，在面试提问这一环节设置若干问题，请老师当面试官，进行打分和评议。

（2）全班分为若干小组、每组5～7人，分别扮演不同的角色，模拟面试场景，将面试前的准备、面试过程和面试后的内容浓缩到一起。通过仔细揣摩模拟场景，能够熟练掌握求职口才。

课后习题

1.作品朗读练习。

年少的时候，我们差不多都在为别人而活，为苦口婆心的父母活，为循循善诱的师长活，为许多观念、许多传统的约束力而活。年岁逐增，渐渐挣脱外在的限制与束缚，开始懂得为自己活，照自己的方式做一些自己喜欢的事，不在乎别人的批评意见，不在乎别人的诋毁流言，只在乎那一份随心所欲的舒坦自然。

2.撰写一篇400字的求职简历，并进行练习。

模块八 社交口才

学习目标

◎了解社交口才的概述。
◎掌握社交语言表达的基本要求。
◎学习社交语言的实用技巧。

案例导入

被誉为东方"神童"的赵××，2岁就掌握了1 000多个汉字，4岁具有了初中文化水平，8岁跳级到县属重点中学，13岁时又以高分顺利考进某重点大学的物理系。大学四年，母亲陪读，与同学交往缺乏最起码的交流能力，除了会说"你好""谢谢""是的""我不知道"外，几乎没有其他言语。2021年，17岁的他考入了某高等物理研究所进行硕博连读，由于远离家乡，母亲不便陪读，最后只好选择退学回家。

案例思考： 赵××遇到了什么困难，为什么要选择退学回家？社交口才对我们的人生有何意义？

单元一 社交口才概述

随着全球经济的一体化，人与人之间交往的频率越来越高，交往的形式也愈加丰富。拥有良好的社交口才可以在社交活动中"游刃有余"，让自己的事业"如虎添翼"，极大地提升自身社会交往的个性魅力。

模块八　社交口才

一、社交口才的含义

社交口才指的是人与人之间在社会交往活动中，善于用准确、生动、形象的语言表达自己的思想、意愿和情感的一种能力或才能。

导入案例提示古人云：美言可以入市。就是说漂亮的话可以拿去卖。说话是技能，掌握这项技能可以建立自信，可以事半功倍。一个人如果缺乏与他人交谈的基本能力，就很难适应社会、很难生存，也很难成功。

二、社交口才的作用

口才是人们进行社交活动的基本能力，社交场合是施展口才的最佳舞台和场所。社交口才是人生的宝贵财富，是神奇的公关密码，是成功的敲门砖。睿智的商界精英、儒雅的政府领导、渊博的专家学者大部分都是交际口才的高手。西方一位哲人说："世间有一种成就可以使人很快完成伟业，并获得世人的认识，那就是讲话令人喜悦的能力。"具体而言，社交口才对我们有以下几个作用。

（1）事业成功的发动机。语言是思维的直接体现，口才素质是对现代复合型人才最基本的要求。思维敏捷、能言善辩是一个人事业成功的有利条件。善于用准确、贴切、生动的语言表达自己思想感情的人，办事比较顺利，做事容易成功。

良好的社交口才，可以让人出口成章，巧于辞令；可以达到顾客盈门，财通三江；可以赢在职场，稳操胜券。

（2）人际关系的润滑剂。懂得语言艺术的人，一定懂得与人相处之道。人生在社交中度过，感情在交流中渐浓。出色的社交口才，可以使熟悉的人情更浓、爱更深；可以使陌生的人产生好感，结成友谊；可以使意见分歧的人互相理解，消除矛盾；可以使心存怨恨的人化干戈为玉帛，友好相处。俗话说多个朋友多条路。朋友有多种，净友、挚友、信友、玩友……只要真诚相待、用心经营，都可以成为自己的益友。

（3）实现自我的凯旋曲。人活着总要有个理由，这个理由便是人要在一生中体验自我意义，提升自我价值。哪里有声音，哪里就有力量；哪里有口才，哪里就有胜利的曙光。社交口才是实现自我的助燃剂，它可以让人飘逸灵动，睿智风趣；可以让人轻松中有收获，快意间有品位；可以让人如鱼得水，走向成功。

三、社交口才的特征

社交口才的概念和内涵，渗透和充满着礼仪意识。礼仪意识是一种综合性的社会文明意识，主要由塑造形象的意识、尊重他人的意识、真诚谦逊的意识等组成。社交口才的语言主要有以下几个方面的特征。

（1）主动交谈。人生一世，必须交际。主动出击，适应环境，最大限度地求同存异，既有利于提高工作、学习效率，也有利于尽情发挥个人的才能。在单位，作为下级，对领导要主动请示汇报；在学校，作为学生，要主动向老师请教；在家里，作为儿女，要主动与父母交心、谈心。

路上见到长辈或领导说声："您早，这么早就去上班？"只有主动说话，敢于与人交往，才能提高社交口才能力。

（2）讲究礼貌。一个人的能力是有限的，必须依靠别人的帮助，才能成就事业。拥有良好的人际关系，也就是好的人缘，可以帮助自己实现人生中的多种构想。要想与他人交际，并建立起良好的关系，语言表达一定要文明、优雅、有"礼"；聆听对方讲话时，应专心致志，点头微笑，适时附和，使对方有如遇"知音"般的欣喜之感。

约定俗成的敬语："您好，初次见面，请多多关照！""很高兴认识您！""久闻大名，认识您真荣幸。"

（3）注意态度。"谦虚谨慎，戒骄戒躁"是我们的传统美德。俗话说："和气生财。"在与人交往时，要态度和蔼，面容和善，措辞平和，多用谦逊的语言，如"贵单位""对不起，让您久等了""打扰了，真不好意思"等，可以赢得对方的好感。

四、社交口才的禁忌

在社交场合既要遵循语言交流时约定俗成的一些惯例，也要掌握一些语言禁忌，以免影响自己良好的社交形象。

（1）无谓争辩。争辩，特别是无谓的争辩，很容易伤害别人的自尊心，引起对方的反感。在大多数情况下，争辩不是解决问题的首选。因为许多观点、主张、事情等，并不一定非要用争辩的方法来解决。

（2）质问语气。尊敬别人，是谈话艺术必须注意的一个问题。质问的语气，或多或少都带有一定的攻击性，用这样的语气纠正别人的错误，被质问者的自尊心往往会受到打击，双方就很难建立起良好的关系。

（3）直接批评。在交际过程中，要注意发现交谈对象的闪光点。如果想改变他人的主张，最好使用请教、谦虚的口吻，设法将自己的观点"暗移"给对方，让其自我发现、自觉纠正。

（4）难为他人。难为别人等于难为自己。在社交场合，无论是故意张扬与众不同的个性的人，还是"横挑鼻子竖挑眼"到处说别人不是的人，都不会受到别人的欢迎。

（5）冒充内行。世界无限大，知识无穷尽。不懂装懂是一种自欺欺人的行为。在与人交往的过程中，知之为知之，不知为不知，是最重要的。因为，人们一旦把你与诚实挂钩，你就有可信度了。

有人说：一个人事业上的成功，15%取决于专业技术，85%靠人际交往。尽管我们无法测定其量化数值的精确程度，但是，良好的人际交往能力的确是现代人立足社会并求得发展的重要条件，这已经成为人们的共识。

单元二　社交语言表达的基本要求

在社交活动中，了解社交语言技巧，并注意灵活运用，就会成为一个受人欢迎、独具魅力的人。社交语言的基本要求，主要表现在以下几个方面。

一、适可而止，内容适度

适可而止是指在社交场合"说在该说时，止在该止处"，与朋友的关系注意见好就收，这才符合社交语言的基本要求。身边没有朋友的人，要么不会主动与人交流，如与朋友见面不问候、分手不告别、失礼不道歉、不会鼓励、不会安慰；要么不知道如何交流，如朋友悲伤时，嘻嘻哈哈乱开玩笑，朋友烦闷恼怒时，哪壶不开提哪壶，总是"火上浇油"，让人心烦易怒。观看"社交口才讲座"，总结交友对自己人生的意义，进一步思考"适可而止"这一要求的落实方法。

内容适度是指在人际交往中，要依据不同对象、不同场合、不同身份，把握言谈的得体度、分寸度、深浅度。注意交谈六忌，不"抢夸大其词、不当众批评、不涉及隐私"。

二、掌控语速

要学会塑造自己的讲话风格，你最好注意一下说话的速度。你可以把你说的话录下来，也可以请朋友给你指出来，当然，如果能让专家来给你指导就更好了。不过，这些都是没有说话对象的练习，跟实际说话完全不同。一旦站在人们面前，你就要将自己的全部精力投入到讲话之中，以引起对方的共鸣。

你肯定希望自己能够给人留下干练、明快的印象，那么，你就必须掌握好说话的节奏，这就是说话节奏的魅力所在。影响说话节奏的因素主要有两个：讲话的快慢和说话内容的简繁。如果你说话太快，以至于某些词语模糊不清，他人就会听不懂你所说的东西，而节奏太慢又会表现出你过于拖沓、过于迟钝。在语言交流中，讲话的快慢程度会影响你向对方传达信息。速度太快就如同音调过高一样，会给人以紧张和焦虑的感觉。

你尝试着说出下面一句话："今天我们要向大家介绍的就是我们公司的这款商品。"当你在说这句话的时候，你可以先用平缓略低的声音说到"公司的"这三个字为止，然后稍作停顿，热情地大声说出"这款商品！"利用这种技巧你一定能够收到意想不到的效果。

但是需要注意的一点是，如果你整篇说话或者大部分篇幅都刻意延缓某些词句的速度，以突出这些或另外一些内容（这根据你的音调来决定），反而会让人觉得非常厌烦，最终听众不堪忍受，如此便达不到你所预期的效果。

我们在说话中，需要明确这么一个说话的目的：社交语言要简洁、精练，并尽可能地承载更多和更有用的信息。这样才能使你的说话节奏明快，使听众觉得你果断、直接并对说话内容肯定。如果空话连篇、言之无物，你的说话节奏必然拖沓，并且似乎很犹豫，好像在回避什么东西似的。

知道了这一点，那么你就不难明白为什么有些人在表达自己观点的时候陈述得太多，而且持续的时间太长，结果遭到了彻底的失败。因此，为了使你说话不拖泥带水，你最好确保自己传递的信息简短、直接。为了达到这一点，你可以采用下面的方法来安排你需要表达的信息。

（一）表达的信息要直接

你需要尽快地直达主题，让对方更为直接地了解你所要表达的意思，这样你所要表达的信息才会听起来更加清晰明了。但是很多人却总喜欢旁敲侧击，殊不知，这种做法容易分散对方的注意力。

（二）用最简洁的词汇

对于你要陈述的重要观点，你需要记住这一点：词汇或句子越少越好。有这么一句老话可以很好地表达我的意思："我问你几点钟，你不用告诉我表的工作原理。"

话虽如此，但是事实却并不是这样。明明用少数词句就可以表达清楚的观点，很多人却总是喜欢用过多的词句，甚至堆砌故事、人物、数字来说明他的主题——你需要避免过多的修饰，否则只会损害你的表达。

（三）明确你的中心思想

你所说的话，也许存在多个主题，这样的结果是什么呢？这将使你和对方的精力都被分散。实际上，你要把一个主题讲得很透彻都十分困难，所以更不可能把每个主题都讲透。如果非得这样，那么每个主题你都只会浅尝辄止，因此跟对方讨论各种话题会影响你主要观点的表达。

此外，很多人喜欢注重细节的描述。这并没有错，但是你必须注意一个前提，即不能影响主题的表达。如果你把精力和时间都放在这些细节中，那么，你的信息重点就会不清晰。千万不要期待对方花费更多的努力、精力或时间来分析解读你的观点，大多数人都不愿意这么去做。所以，通过你的表达，让对方直接得到重要的信息，这才是最重要的。

三、说话有节奏

开过车的人都会发现，高速公路基本上不会是笔直的，而是有很多的转弯。也许有人会有疑问：修那么多弯路不是更浪费路程和资金吗，为什么这样修？其实原因很简单，总是在笔直的公路上开车，司机的注意力就会下降，会慢慢放松警惕，甚至昏昏欲睡。这对驾车安全是一种极大的隐患。

这个道理同样适用于演讲。一场没有节奏变化的讲话，就像一杯白开水一样，让人觉得寡淡无味，听众难免会走神，甚至瞌睡。这样一来，讲话的效果就会大打折扣。

通常情况下，常见的语言节奏有以下几种。

（一）高亢的节奏

这种节奏能够营造出威武雄壮的气势，产生极大的鼓动性。在叙述重大事件、宣传重要决定及讲述令人激动的事情时，可以使用这样的节奏。

（二）低沉的节奏

这种节奏营造出的是低沉而庄严的氛围，语速较慢，气氛压抑。在一些郑重的场合讲话或是讲述具有悲剧色彩的事件时使用。

（三）欢快的节奏

这种节奏比较常用，适合大众情感，听众比较容易接受。在日常交流、一般性的辩论中都可以使用。

（四）凝重的节奏

这种节奏介于高亢和低沉之间，声音和语速都比较适中。这种节奏要求每个字都读得很重，表现出一字千钧的沉重感，常用于发表议论。

（五）舒缓的节奏

这种节奏比较舒展、缓慢，营造出恬静、安闲的氛围。进行说明性的叙述及学术讨论时，可以使用这样的节奏。

（六）紧张的节奏

这种节奏语速比较快，带有紧迫感，能令听众保持注意力并带有紧张感。在汇报重要情况或是必须立刻澄清某些事实时，使用这种节奏，讲话效果会比较好。

单元二　社交语言表达的基本要求

每种讲话的节奏都有其各自适用的场合，作为一名优秀的演讲者，必须能够根据讲话的综合情况进行考量和选择。讲话的节奏是讲话的"节拍器"，只有正确运用它，才能达到讲话的效果和目的。

相信很多人都有这样的经历：给别人写张字条或是发条短信，有时对方会误解自己的意思。这主要是因为文字本身是不带感情色彩的，只有当文字从口中说出时，才能更好地体现讲话者的意思。在演讲时，通过正确的重音表达，才能更好地传递自己的观点。如果重音混乱，听众就会产生错误理解，甚至完全背离讲话者本来的意思。

同样的一句话，当把重音放在不同的词语上时，就会传递出各自不同的意思。

李东坐火车到西藏去旅游。（强调是李东，而不是其他人）

李东坐火车到西藏去旅游。（强调乘坐的是火车，而不是其他交通工具）

李东坐火车到西藏去旅游。（强调目的地是西藏，而不是其他地方）

李东坐火车到西藏去旅游。（强调目的是去旅游，不是做其他事情）

从上面这个例子可以看出，在演讲时，我们将重音放在哪个词语上，意味着要强调的内容就是哪个词。然而，在实际运用的过程中，即便选定了重音，有时候也不一定能够把重点准确地表达出来。这就需要我们在平时多加积累，多加练习。

需要指出的是，所谓的重音，并不是简单地通过提高声音来进行强调。在演讲时，通过声音轻重、高低的变化，同样可以突出我们想要强调的重音。如"为了考上大学而奋斗"一句，除了"奋斗"外，其他字的读音都可以轻一些。

此外，通过声音的虚实变化，也能达到强调重音的目的。需要强调突出的重音用实声，其他部分则可以加入一些轻虚声。如说到"我强忍疼痛，微微笑了一下"一句，"疼痛"用实声，其余部分用轻虚声即可。

当然，无论怎样运用重音，首先需要保证的就是演讲的流畅性。千万不能让讲话断断续续，更不能为了加强重音而去刻意加强某些重音，否则只会适得其反，令听众听起来很不舒服，进而对演讲失去兴趣。

运用重音看似简单，实际上是一件很难的工作。想要恰当而准确地运用重音，一定要对文字和讲话有准确的理解。这就需要我们对讲话的内容进行深入的剖析，达到融会贯通的程度才行。

单元三　社交语言的实用技巧

社交中必须形成一种友好的情感氛围，这样才能产生较好的社交效应。在社交活动中，掌握社交语言中的技巧非常重要。

一、拜访与接待技巧

（一）拜访技巧

就拜访语而言，一般包括进门语、寒暄语、晤谈语和辞别语四个部分。

1. 进门语

到门口，要先轻轻地敲门，礼貌地问一句："请问×××在（家）吗？"或者说："请问，屋里有人吗？"总之，不要贸然闯入。同本人见面后，应立即打招呼，至于怎样打招呼，应根据拜访的对象、形式、内容而定。初访往往比较慎重，一般可以用这样的话打招呼："一直想来拜访您，今天终于如愿以偿了！""初次登门，就让您久等，真不好意思。""真对不起，给您添麻烦来了"等。

重访是关系趋向密切的表现，一般只需简单地说一句"好久没有来看您了"，或者说"我们又见面了，真高兴"。关系密切的，不妨以玩笑的口吻说："我又来了，不招您讨厌吧！"

回访，打招呼时，可以这样说："上次劳驾您跑了一趟，我今天登门拜谢来了。"或者说："上次托您办事，给您添了不少麻烦，今天特地登门拜谢。"

礼仪性拜访大多与唁慰、祝贺、酬谢等有关。进门语要与有关的内容联系起来，譬如说："听说您生病了，今天特地来看望您。"又如："听说你升迁，特给老朋友贺喜来了。""听说您的儿子已被××大学录取，特地赶来祝贺！"

2. 寒暄语

寒暄，即嘘寒问暖之意。在社交活动中，它带给人们的是关心、亲切的温暖之情，它是人们为了正式交谈所进行的一种感情铺垫。好的寒暄可以为后面的交谈创造一个好的氛围，它是交谈双方沟通感情所必不可少的桥梁。那么如何说好寒暄语呢？

第一，说什么？寒暄的内容很广，诸如天气、孩子的学习情况、老人的健康状况，以及最近发生的新闻趣事等，都可以作为寒暄的话题。但是，寒暄时具体谈什么，应视情况而定：

一是要符合当时情境。例如，孩子和老人在场，可以从询问孩子的学习情况，或老人的健康状况谈起。二是要尽量寻找双方的共同点，也就是双方都感兴趣的话题，尤其是对方感兴趣的话题。如对方喜欢音乐，你不妨与他谈谈贝多芬、莫扎特、流行歌曲、歌唱家、明星等。如果你对音乐不在行，也不要紧，也可趁机向对方求教，这样既显示出你的谦逊有礼，又学到了音乐知识。

第二，怎么说？可用以下几种方式：

一是问候式。这种寒暄多由问候语组成，根据不同的对象、场合、时间进行不同的问候。如夏天就问"热不热？"拜访教师就问"忙吗？课多吗？"等。

二是夸赞式。就是适当给人以夸奖赞美。如"你的新衣服真漂亮！""你的发型真好看，显得更年轻了。""这房间布置得很有品位"等，夸赞式的寒暄极易创造出一种愉快和谐的气氛。

三是言他式。言他式是指在交谈进入正题之前，先谈其他事物的寒暄方式，而不是直截了当讲明来意。这种寒暄方式是引入交谈正题的润滑剂。

寒暄的方式很多，如果是人员众多的场合，往往单靠某一种方式是不够的，这就要针对不同的人采用不同的寒暄语言和方式。寒暄要有针对性，有特色。做个有心人，就可以从每个人的特殊性中发掘出有特色的寒暄语。

3. 晤谈语

晤谈时，一方面注意话题要集中，主客寒暄之后，客人要适时进入正题，以免耽误主人过多时间；另一方面尽量说些幽默的话语，幽默的谈吐可以活跃气氛，使拜访充溢着欢快轻松的氛围。

4. 辞别语

辞别语的使用主要有：

一是同进门语相呼应。譬如礼仪性拜访的进门语："初次登门，就劳驾您久等，真不好意思。"辞别语可说："今天初次拜访，十分感谢您为我花了这么多时间。"

二是表示感谢，请主人留步。如"十分感谢您的盛情款待，再见！""就送到这里，请回吧。这件事就拜托您了。"或者邀请对方来自己家做客，如"老同学，告辞了。您什么时候也到我家坐坐。"

（二）接待技巧

社交中接待客人一般包括迎客、交谈、送客三个环节。

1. 迎客——热情相迎

古人云：有朋自远方来，不亦乐乎？迎接客人要有热情欢迎的态度。首先要记住，叫出来访者的姓名是非常重要的，它可以塑造你热情好客的形象，很快缩短双方距离。然后，如是熟悉的客人，可以说："欢迎，请进！哪阵风把你吹来了？""您真准时。"进屋后，应让客人先落座，然后主人再坐下，以示尊敬。如来的是陌生人，见面可用提示性语言——"您是……"表示询问，让客人自我介绍，然后表示欢迎。请客人落座后，不要急于询问客人来访的目的，应等客人主动开口。对走错了门的客人应予以热情指点。

在迎客时，切记要叫出对方的姓名。一般来讲，长辈对晚辈、领导对下属、同辈之间可以直呼其名；而晚辈对长辈、下属对领导，应采用"姓加辈分"或者"姓加职位"的称呼，如张叔叔、赵老、王局长等。如果在接待中忘记了对方名字，这时可用巧妙的语言加以掩饰，如"对不起，上次没听清你的名字。""你今天穿得这么漂亮，我一时认不出你了。""你和×××太像了，你的名字叫……"等。

2. 交谈——因人而异

来访的客人中，年龄、性别、性格、文化程度等各不相同，来访的目的也不一样，因此，与客人的交谈也要因人而异。

语速、音量要根据来访者的年龄和个人表情达意的需要而定。如对老年人说话语速稍慢、音量较大较合适，这样能使对方产生被人尊敬的喜悦感。与同龄人交谈，则讲究语速快慢适中。

遣词用句要因来访者的文化水平、文化背景、理解程度而异。对文化水平、文化背景相同或相近者，交谈的话题或内容可按照自己平日的水准；而对待文化水平较低的来访者，说话就要尽量浅显通俗。

说话语气因来访者的不同目的而异。对有求于你的客人，应体谅对方的心情，态度真诚，语气平和，即使无能为力也不要一口回绝，你可以对他说："先别着急，一旦有了门路我就打电话告诉你。"对于前来提供某种信息的客人，主人则应表达自己的感激之情，如"非常感谢！你提供的信息太有价值了！""你可真是帮了大忙了，谢谢你！""真辛苦你了。"等。主人有事必须外出时，应客气地对客人说："真不巧，我有点急事。您坐，我去去就来。"遇上有的客人健谈，久坐不走，可巧妙向客人暗示，如让家里人安排孩子就寝，或询问客人"天晚了，路好不好走？"等。

3. 送客——诚恳告别

客人如要离去，先要诚恳挽留；如客人执意要走，则不必强留。送客人要送到门外并说些告别语，如"您慢走。""欢迎再来。""经常来玩。"等。送别客人不要急于回转，客人请主人"留步"后，主人要目送客人走远，招手"再见"再回转。送别客人回屋时，关门的声音要尽量轻些，否则客人听到会产生误会，以为主人对其不满。

二、赞扬与批评技巧

赞扬是鼓励，批评是督促，它们是形式上对立、目的上统一的两种交际方法和工作方法，在人际交往中，真诚的赞扬与善意的批评二者不可或缺。

（一）赞扬与批评的作用

1. 赞扬的作用

赞美别人，仿佛是用一支火把照亮别人和自己的心田。赞美是指在人际交往中，一方给予另一方称赞，它侧重于对人的某一方面价值的肯定。在社交中，适时给对方真诚的赞扬和夸奖，会使对方主动与你亲近。

赞美是一件好事，但绝不是一件易事。不掌握一定的赞美技巧，也会变好事为坏事。所以，要掌握以下赞美的技巧。

赞扬他人是一门独特的学问，主动地、适当地赞美别人，是促进友好关系的催化剂。具体来讲，赞扬的作用包括以下几个方面：第一，赞扬能使对方产生积极的态度，因为赞扬是一种鼓励，它能激励人不断进步。第二，赞扬能使人与人之间的关系更加和谐，因为赞扬能使双方产生情感上的"互悦性"，融洽人与人之间的关系，沟通人与人之间的感情，消除人与人之间的怨恨。第三，赞扬别人还能使赞扬者本身心境开阔，因为在给予别人赞扬的同时，赞扬者本身也会从信息的反馈中获得愉悦，从而对人生抱着乐观积极的态度。具体如图8-1所示。

图 8-1　赞美别人

2. 批评的作用

若说赞美是生命的阳光，那么，批评则是人生的雨露。人生在世，孰能无过？所谓"当局者迷，旁观者清"，有了过失，就需要旁人指点评说。批评不同于对别人的讥讽、攻击，也不是不负责任的议论。批评的作用有：第一，教育促进作用。人不容易看到自己的不足，批评可以使人认识到自己的缺点，不断完善。第二，警示提醒作用。错误的做法或行为，经批评指正后，可起到前车之鉴、后事之师的作用，防止类似错误的重犯。第三，调整人际关系的作用。在人际交往中，毫无原则的一团和气，不见得就能使人际关系达到真正的和谐，而适当又有针对性的批评，反而更能体现待人真诚的一面，所谓诤友，不就正是这样的关系吗？

（二）赞扬与批评的基本原则

1. 赞扬的原则

赞扬应遵循以下三个原则：

第一，赞扬要客观。这就是要求将赞扬建立在客观事实的基础上。比如某人的学习成绩不如人，你却说他"名列前茅，百里挑一，才智过人，聪明绝顶"，被赞扬者不见得会坦然接受。客观还表现在赞扬要注意适度，措辞得当。适度的赞美会令对方感到欣慰，肉麻的恭维、空洞的奉承，或者赞扬的频率过多，可能会适得其反，甚至可能令人对你心生轻蔑，认为你不怀好意。在事实的基础上，赞扬的措词也应得当。比如赞美一个孩子，你可以说："你真是个好孩子，又听话，又聪明，将来一定有出息。"这就很有分寸。但如果你说："这孩子绝顶聪明，智慧过人，真是个天才，绝世无双。"那就过分了。

第二，赞扬要真诚。赞扬的语言要真诚，切忌陈词滥调和虚情假意。比如在称赞别人时表现得漫不经心："你这篇文章写得蛮好的。""你这件衣服挺好看的。""你的歌唱得不错。"这种缺乏热诚的泛泛赞扬并不能使对方愉悦，有时甚至会由于你的敷衍而引起反感和不满。

2. 批评的原则

批评应遵循以下四个原则：

第一，态度要诚恳、心平气和。批评时要做到诚恳、认真、冷静、耐心、具体而准确，这样的批评才会切实有效。

第二，时机和场合要恰当。一是待双方交谈比较融洽时再批评。二是等双方冷静后再批评。一方面批评者本身冷静下来，言词就会缓和，避免偏激；另一方面，被批评者冷静下来，可以比较客观、公正地反省自己，认识自己的错误。三是除非迫不得已，尽可能避免当众批评别人。

第三，客观公正，对事不对人。批评要有针对性，就事论事，不要任意贬低对方人格，切忌以偏概全、讽刺挖苦，甚至羞辱被批评者，如"你总是……""你从来……""你根本……"等；也切忌居高临下，以长官、上级、长辈的口气指责别人，如"我早就说过……，你就是不听。""我说什么你总是不听，就爱自作聪明"等。

（三）赞扬与批评的语言技巧

1. 赞扬技巧

赞扬的技巧很多，以下从赞扬的角度、赞扬的对象及赞扬的场合等方面来谈。

（1）赞扬的角度。从赞扬角度上讲，可采用直接赞扬和间接赞扬两种方式。直接赞扬可以从两个方面入手：

针对优点。对于对方的优点，用直截了当的话当面赞扬，如老师赞扬学生、领导赞扬部下等。对女性可多赞美她的衣着、容貌；对男性则要多赞美他的气质、才华，或者他的事业与成功等。赞扬对方可先了解对方的优点、长处，做到心中有数，赞扬时才会有针对性。赞扬可用含多层意思的话，使对方不自觉地向好的方面理解。比如你夸奖一位女性漂亮时，可以说："你的气质很好。"这种含有多层意思的话，会使她更高兴。

针对缺点。有时你可能觉得对方无可扬赞之处，那么你必须学会找出别人值得赞扬的地方，甚至可以从对方的缺点中找出有积极意义的东西来。比如某人爱做白日梦，你可赞他想象力丰富，富有创意；某人做事专断，好自作主张，你可赞他有策略，满脑子都是主意，有主见；某人吝啬小气，你可赞他节俭；某人好排场、爱铺张浪费，你可赞他慷慨好客等。当然，要善于发现别人的优点，自身就要具有两种优秀品质：一是仁爱豁达；二是独具慧眼。

有的人不习惯对别人直接赞扬、当面赞美，那么，恰如其分的间接赞扬，有时效果会比直接赞扬更好。间接赞扬的主要方法有：

全称法赞扬：可以通过赞美对方的单位、职业、民族、习俗、地域等，间接达到赞美他本人的目的。如"你们北方人都很豪爽。""听说你们学校出人才呀。""听说你们班学风很好。"等。

对比性赞扬：就是把赞美的对象与其他对象进行比较，以突出其优点。常用"比××更……"或"在××中最……"等句式表示。对比性赞美给人一种很直观的感觉，但从另外一个角度看，它也容易引起人际关系中的矛盾，所以在比较时尽量不要用贬低其他人的方法来代替赞美眼前的人。

感受性赞扬：就赞美对象的某一点表达自己的良好感受，也体现了赞美的具体性，因为陈述的只是赞美者的感受，不受其他条件的限制。运用这种赞美要做到：一是把对方值得肯定的优点"挑"出来；二是让对方知道你对他的优点很满意。这样，赞美的作用、效果就自然产生了。如"一看见你来，我什么烦恼都没有啦。""跟你谈一谈，我心情好多啦。""你总是让人如沐春风。"等。

借用第三者的口吻赞扬对方：赞美的话由自己说出难免有点恭维、奉承之嫌。比如"你看起来还那么年轻"这类的话，如果换个方法来说："你真是年轻漂亮，难怪某某总是夸你！"对方必然会很高兴。因为在一般人的观念中，总认为"第三者"所说的话是比较公正、实在。

模块八　社交口才

用反语赞扬：在人际交往中，反语成了表达批评和讽刺的语言定势。实际上，赞扬时恰当使用反语，新奇、幽默、含蓄、耐人寻味，能收到比一般赞美更好的效果。

（2）赞扬的对象。从赞扬对象来讲，赞扬还要会"锦上添花"和"雪中送炭"。一个人一旦取得成就，赞美声就会此起彼伏，这时你的赞美可能是有你不多、没你不少。那么怎样赞美才能"添花"呢？在日常交往中，要注意观察那些容易被人们忽略的优点、美德，如果能及时赞扬，往往比赞扬那些人人共知的优点效果更好。比如那些著名的科学家、作家或艺术家，对他们在各自领域里所取得的成绩的赞美之声可以说是不绝于耳，那么，我们不妨另辟蹊径，赞扬他们和谐的家庭生活、亲切的微笑、高尚的品格等，这样效果可能会更好。

相对于名人而言，那些不起眼的"小人物"，尤其是那些有自卑感的人，更应该给他们以赞美。你的赞扬对他们来说可谓雪中送炭，因为小人物、普通人，或刚刚步入社会的年轻人，很少得到别人的赞美，急需人们拉一把、鼓励一下。你及时给予赞美，他们可能尊严复苏，自信倍增，备受鼓舞。

（3）赞扬的场合。从赞扬的场合上讲，可以当面赞扬，也可以背后赞扬。这里主要介绍一下背后赞扬。在人背后赞扬人，是各种方法技巧中最能使人高兴的，也是最有效的，甚至可能比当面恭维更有效。如果赞语当面说，或许会令人怀疑赞扬者的诚意及企图，但是如果有人告诉你，某人如何称赞你，你绝对无一例外地高兴，因为你认为那是真心的赞扬。张强是一家集团公司下属子公司的年轻干部，平时喜欢读书钻研，工作十分出色。集团公司领导检查工作时，总是由他来负责接待。有一次，总公司赵董事长来公司视察，看到张强工作卓有成效，而且谈吐十分有见地。在晚上的酒宴上，就当着分公司老总的面盛赞张强"会思考能干事，这样的人才很少见"，令被赞美的张强感觉有些尴尬。赵董事长对张强的赞美是发自内心的，但因为没注意场合，有可能会让分公司老总及其他人觉得张强爱出风头，因而对其心生嫌隙，效果可能适得其反。

2. 批评技巧

俗话说，忠言逆耳，这句话经常被用来告诫人们要虚心接受批评，不应计较批评的方法。但作为批评者，要使批评容易被批评对象所接受，能否做到忠言顺耳呢？下边就介绍一些能使忠言顺耳的方法：

（1）欲抑先扬。如果在批评前，先抓住对方的长处给予由衷的赞扬，化解批评者的对立情绪，然后在融洽的气氛中进行批评，就能达到理想的效果。这种方法尤其适用于个性倔强的人。"双色糕法"和"三明治法"均属于这一类批评方法。"双色糕法"，即先肯定后否定；"三明治法"是指两头肯定，中间否定的方法。它们都符合人们的心理规律，可以取得良好的效果。

（2）暗示批评。暗示，是指不直截了当地批评，而是借用其他委婉的语言形式，巧妙地表达批评之意。一是可以用故事暗示。故事老少皆宜，通俗易懂，用故事来暗示道理，既生动形象，又有感染力，能较好地达到批评教育的目的。二是可以用笑话暗示。笑话诙谐幽默，恰当的笑话暗示，能让被批评者笑后悟出自己的不当之处，在谈笑中心与心交融、情与情沟通，容易被人接受。

（3）用赞扬、鼓励代替批评。英国历史上著名评论家约瑟·亚迪森曾说："真正懂得批评的人着重的是'正'，而不是'误'。"所谓"正"，实际上就是从正面来加以鼓励，也是一种含蓄的批评，使批评对象不自觉地改正了自己的错误和缺点。

（4）幽默式批评。一般说来，被批评者的心理常处于紧张、压抑的状态，特别是在上级批评下级、长辈批评晚辈时更为突出。被批评者或表现为焦虑、恐惧，或表现为对立、抗拒，或表现为沮丧、泄气。这些不正常的心理状态会成为双方交流思想感情的心理障碍，大大降低批评的实际效果。幽默式批评能缓解批评的紧张、压抑情绪，启发被批评者思考，增进相互间的感情交流，使批评不但达到教育对方的目的，同时也能创造一个轻松愉快的气氛。曾经有位女中学生写信给某杂志社编辑，坦言心中的苦恼："我从来不为任何明星的风采打动，可自从黎明出现后，我萌发了非他不嫁的念头……我该怎么办？"编辑在给她的回信中诙谐地说："成人之美乃传统美德，我当然乐意成全你的终身大事；但遗憾的是，你是非黎明不嫁的第8 899个姑娘，如果他跟8 898个姑娘离婚后，我会立即通知你，好吗？"就这寥寥数语，使这位姑娘羞涩地笑了，很快走出了痴迷与狂热，这就是幽默的神奇功效。

（5）自责式批评。批评别人时，指出自己对批评对象的错误也负有责任，而不是把责任全都推到批评对象身上。比如说"这件事也怪我，我没有……"这样既显示了自己的诚意，又消除了抵触情绪。

（6）现身说法式批评。在批评对方的错误缺点时，表明自己也曾犯过类似的错误，也有过这样的缺点，这样可以缓解对方的心理压力，避免产生抵触情绪。某公司车队的司机老王发现公司小王用公车办私事，于是找到小王说："小王，你忘了吗？上次我用车送了回亲戚，结果受到公司批评，我还公开做了检讨，你怎么还犯和我一样的错误呢？以后要注意啊！"小王听了忙点头称是，并表示以后不会再犯。如果老王一味批评小王，不谈自己的过错，那么，小王可能嘴上不说，心里也会想："还说别人呢，你自己不也犯过同样的错误吗？"这样的话，他以后可能还会犯类似的错误。

（7）借别人之口批评。即转达别人（最好不要讲这个人具体是谁）对批评对象的意见，当然也要表明自己的看法。这种方法可以让对方感到舆论的压力，促使他认真地认识、反省自己的问题。

（8）模糊批评。即用模糊语言进行批评。比如在会上，不指名道姓的批评，且说话具有弹性，被批评的人一听就能听出来，既照顾了被批评者的面子，又警示了其他人。

三、交谈的技巧

交谈是由两个或两个以上的人，为实现交流思想、沟通感情、互通信息、协调行为等目的所进行的口头交流活动，也是人与人之间分享欢乐、分担忧愁的一种好形式。

事先没有明确目标的即兴式交谈，也叫聊天。心理分析学派创始人、奥地利医生弗洛伊德就是用"聊天法"治好了许多精神病患者。深圳蛇口工业区一家企业，每星期二晚召开"聊天会"，集思广益解决了许多生产和管理中的问题，对形成企业的凝聚力产生了积极影响。交谈的好处很多：交谈可以畅快精神，缓解疲劳；交谈有利于沟通感情，传递信息；交谈可以展现个性，培养口才等。

（一）交谈的基本原则

1. 以诚相待，以礼相待

人际交往，贵在真诚，只有以诚相待，才能与交谈者达到推心置腹、情感交融的境界。在交谈中以礼相待，可以为谈心创造一个和谐气氛。如有急事需要暂时中断交谈，应声明并表示歉意；不要随意打断、纠正别人的谈话；不要以自我为中心，唱独角戏等。

2. 相互理解，求同存异

交谈是双向交流活动，由于双方学识、阅历以及看问题的角度不同，对同一个问题往往会产生异议。在双方产生分歧时，应相互理解，多从对方角度去考虑问题，不要轻易作无谓的争执。

3. 切忌只说不听或只听不说

听是交谈持续的重要环节，听是尊重对方的表现，听是获得信息的主要渠道，有助于听者理解谈话内容，领会言外之意，还能激发对方的谈兴。如果只说不听，滔滔不绝、抢话打断，交谈就无法愉快进行下去；如果只听不说，或只是嗯嗯啊啊，不给对方及时有效的回应，就会使对方感觉你漫不经心，只是在应付，交谈只能不欢而散。

（二）交谈的技巧

交谈虽然是一种比较随意的语言交流，但要谈出效果、达到目的，也必须掌握一些交谈的语言技巧。

1. 寻找话题的技巧

一群人在一起聊天，如果都不知从何说起，就会出现冷场的尴尬局面。那么，可以从以下几个方面着手寻找话题：

第一，寻找谈话的共同点。交谈共同关心、感兴趣的话题，容易产生亲近感。与人初次见面，为使彼此融洽相处，可以询问对方的出生地，曾就读的学校，生活上的兴趣、爱好等。同行可以谈业务上的问题，同事则可以聊聊单位的情况，老同学可以回忆同窗共读的情景。

第二，就地取材，寻找话题。交谈总是在一定的环境中进行的，可以通过此时此地情境中的事物寻找话题，比如房间里、桌子上的摆设、一盆花……这些都可以成为话题。

有些人觉得寻找话题是一件很难的事，很有可能是因为对选择话题存在错误的看法。一是认为那些不平凡的事情才值得一谈，于是便绞尽脑汁想说些惊天动地的爆炸性事件，或是一些令人捧腹的大笑话。其实，人们除了爱听一些奇闻逸事之外，也很愿意和朋友们谈一些有关日常生活的琐事，这同样是很好的交谈题材。二是以为谈些深奥高雅、很有学问的话题，才能使人肃然起敬。事实上，人们更多谈论的是发生在身边的事情，你可以谈爱情、婚姻和家庭，也可以谈衣食起居，还可以谈业余爱好、体育运动等。

2. 转换话题的技巧

当交谈出现冷场，或是出现了庸俗、乏味的倾向，或对方的问题太敏感、不便回答，或遇到一些不便或不愿意谈论的话题，就要及时转换话题，也叫岔题。在这种情况下，最好的方法是在不知不觉中巧妙地把话题岔开，这样既不会伤害到对方，又可以将自己从困窘中解脱出来。

转换话题可根据当时的情景、身边的事物等，但必须转得"巧"，在此举些常用的岔题方法：①利用一词多义岔题。汉语中很多词都有多义性，可以利用这一点避开不快的话题。②利用相近概念岔题。有些词所表达的概念没有明确的界限，常常带有一定的模糊性，利用这种模糊性，就可以把话题中某些概念转换为与它相近的另一个概念，岔开原来的话题。③利用同音字岔题。在现代汉语中，同音字很多，音同（近）而义不同，这在书面语言里不易混淆，但由于交谈是以声传义、不见字的形体，这就有了一定的含混性，利用这种含混性，就可以巧妙地把话题岔开。④利用好奇心理岔题。求新好奇是人们普遍的心理要求，如果能提出一个更新更有趣的话题，就可以把对方的谈兴吸引过来，自然地抛开原来的话题。

3. 善于倾听

一方面是听出话外音；另一方面善于利用自己的"身体语言"激发对方的谈兴，比如适时地与对方保持眼神接触，身体稍稍倾向于说话人，适当地点头以示同意，面带微笑表示你听得很有兴致。

4. 善于问话

问话是交谈的引线，是引入话题和转换话题的方法之一。问得巧，能使交谈有声有色，巧妙的问话能打开对方的话匣子。要善于问开放性的问题，不要问用"是"或"不是"就能回答的问题。

5. 善于答话

除了掌握问话的技巧，还需要对答话进行必要的训练，否则一语不慎，可能落入对方陷阱或使朋友失和，感情疏远。下面介绍几种常用的答话方法。

·答非所问法。在答话时巧妙地改变对方问话的重点或加以否定，这是一种回避对方提问的战术。表面看回答没脱离提问的范围，实际上已经被偷换概念或违反了"同一律"，使对方无法得到想要的答案。

·以问代答法。当别人的提问不便回答时，可反过来向对方提出问题引导对方做出回答。

·含蓄作答法。当对方提出敏感问题而正面回答不便时，含蓄的回答，既能释疑又显得得体。

·突破限制法。有的问话暗中已限制了回答内容，甚至是别有用心设下圈套，回答时就要突破限制，别掉入圈套。例如，问："你最近没打老婆了吧？"回答"是"或"否"都不妥当，可这样回答："我从来都没有打过老婆。"既突破了限制，又未离开话题。

·以虚制实法。有时对方的提问，回答起来内涵较深，短短几句话不容易说清楚，这时就不必实言相答，而应以虚言应对。

·移花接木法。以通俗易懂的答案去回答某些不便直说又难以说清的问题。如某人生性淡泊名利，因此工作几十年仍是一般公务员。有人问他："你干了这么多年也没当上个一官半职，不觉得遗憾吗？"此君笑道："可不是吗？糯米到底酿不出高粱酒来，也没啥值得大惊小怪的嘛！"

四、拒绝的技巧

有求必应是一种美德，但要真正做到有求必应却不现实。生活中常有这样的事，有人向你提出某种请求，希望得到满足。然而，由于诸多原因，你却难以满足他的要求，于是便需要拒绝，尽管拒绝是令人遗憾的，但该拒绝的还得拒绝。如果承诺了自己不愿、不该、不必、不能履行的职责，事办成与否，都会感到很累，最终还是自讨苦吃。拒绝是一道难题，也是一门艺术。在生活中，如果学会了拒绝的艺术，就能化难为易、化险为夷，有时还可能化敌为友，使友谊长存。

（一）拒绝的基本原则

在拒绝对方时，要礼貌尊重，诚心诚意，不能伤害对方的自尊心，不能使对方难堪。必须让对方知道你的拒绝是无奈之举，尽可能地避免误会，避免对方遭拒绝后产生抗拒感。具体来讲有以下几点：

第一，就是在双方之间设置心理距离，也就是破除亲密伙伴关系，拉开心理距离，说

"不"就会容易些，拒绝也更有效果。

第二，在拒绝之前，应该有说"不"所必需的心理准备，也就是说自己在心理上必须坚定，否则就很可能被对方说服。

第三，在拒绝后要进行"善后"，帮别人另想办法，以便更好地愈合对方心理上的不适。因为拒绝别人，在社交中是一种逆势状态，必然在对方心理上造成失望或不愉快。

（二）拒绝的技巧

拒绝的技巧主要有以下几点：

1. 直截了当拒绝法

对那些不能接受的要求，应该直截了当予以拒绝，不能犹豫，不可含糊，切忌模棱两可，以免对方产生误解，抱有幻想；但语气要诚恳，要向对方耐心解释你拒绝的理由，表示歉意，请求对方谅解。当然，对那些无理的、过分的要求，应予以严词拒绝。一位科长要给他的下属介绍女朋友，这位下属直截了当地拒绝了他："这件事情恐怕要让您失望了，实在抱歉！现在的我，实在没有结婚的条件，况且我的事业尚未有所成就，我想，等我有了结婚基础，再来谈婚姻的事比较妥当，这完全出于我自身的考虑，而绝非关系介绍对象的好坏，希望您能谅解！"遇上难缠的说服高手，委婉拒绝无效，那就放弃以理拒绝的想法，改用放弃思考的语言予以彻底否定。什么是放弃思考的语言？就是利用诸如"反正""可是""还是"等词的句子，也就是指用这些词连接成的句子把对方前面所讲的一切予以推翻，这也叫"蛮不讲理"的语言。那什么样的语言可以称为"蛮不讲理"的语言呢？比如"因为讨厌所以讨厌""因为不知道所以不知道""因为拒绝所以拒绝"这类毫无因果关系的循环语言。

2. 婉言拒绝法

如果不能直接拒绝，还可以采用各种婉言拒绝法巧妙地回绝，同样可以收到很好的效果。请看以下案例：一天，小芳的好友小张打电话来求助："小芳，有个事儿要拜托你。""什么事啊？""唉，我男朋友要给日本客户做批东西，但说明书是日文，正巧你是学日语的，帮我看看啊。"

小芳很清楚，专业说明书的翻译不是件轻松的工作，更何况这阵子手头工作多，于是又考虑了一会儿，非常客气地说："并不是我不愿意帮忙，你知道的，产品说明书这种东西很专业，我在大学也不是学的翻译专业，这些年又没接触过，大学学的那点东西早就还给老师了，现在这水平恐难胜任啊。""别谦虚，我对你很有信心！""可我对自己没信心啊，要是搁平时还可以试试，现在这段时间公司任务特别多，经常加班，正在赶着一个策划书，我可是奋战了三天三夜了，忙得一塌糊涂，现在一看文件就头大。你男朋友的说明书一定很重要吧，为了不耽搁事儿，你还是找专业翻译公司吧，这样比较合适。"

小张想了想说："嗯，也是，专业翻译确实不是件容易的事儿，我找专业公司吧。你呀，别太累了，注意身体！"此案例成功地采取了婉言谢绝的方法。面对小张的请求，小芳分三步巧妙推脱：先是坦言"产品说明书很专业，怕自己胜任不了"，然后又说"公司最近老是加班，正在赶策划书"，然后提出建议"找翻译公司"，说得非常客观真诚，收到了良好的拒绝效果。

常用的婉言拒绝法还有：

（1）缓兵之计法。这个方法也叫"拖"字诀，有时对方提出请求后，不必当场拒绝，可以采取拖延的办法。你可以说："让我再考虑一下，明天答复你。"这样，既使你赢得考虑如何答复的时间，也会使对方认为你是很认真对待这个请求的。如有人想约你，问你："今天晚上八点钟去跳舞，好吗？"你可以回答："今天不巧，回头再说吧，到时候我跟你联系。"

（2）预设伏笔法。与缓兵之计法有异曲同工之妙，但又有所不同，从人际关系的角度考虑，要尽可能把拒绝的理由讲得充分，让接受者有足够的心理准备。为此，先不拒绝，而是强调不利因素，为自己留下退路，适当时候，再用适当方法（如电话告知、请人带口信等）拒绝，这样，即使对方要求没有得到满足，也不至于怀恨在心。

（3）贬低自己法。通过对自己的贬低而间接抬升对方。比如说拒绝媒人的提亲时，可以说："对于我来说，她真是太过于完美了……"或者"她太优秀了，我根本无法与她相配。"不管是否真实，其效果都要强于直接拒绝。对方知道自己遭拒绝，也会因为这些话得到心理安慰，抗拒感也就自然而然地消失了。

（4）诱导对方自我否定法。对方提出问题后，不必马上作出明确的回答，而是提出一些条件或反问一个问题，诱使对方自我否定，自动放弃原来提出的要求。

（5）先肯定后否定法。对别人的请求不是一开口就说"不行"，而是先表示理解、同情，然后再陈述无法答应的缘由，讲清自己的困难，获得对方的理解，自动放弃请求。如有可能，可为对方引荐别人或建议其他弥补的办法。这样，对方不但不会因被拒绝而失望、生气，反而会对你的关心、帮助表示感谢。有位姑娘经常收到别人的求爱信，有一次，还有一个不相识的人找上门来求爱，她友好地说："你给了我作为一个女性最高的赞赏！但是，我只能接受一个人的爱情，你来晚了一步，请原谅我不能接受你的感情。"那人听了后，说声"抱歉"就礼貌地退出了姑娘的房间。如果姑娘毫不留情地说"我不认识你，别来纠缠我！"或者是"真不害臊，快给我滚开！"，则可能会造成不必要的矛盾。这位姑娘非常聪明，首先表示了对对方求爱的尊重，使对方的自尊心得到满足，然后表达拒绝之意，使对方体面地离开了。

（6）转移话题法。这是一种转移别人注意力的技巧。对那些碍于情面的要求，你不便马上拒绝，可以转移话题，暂时把对方说话的焦点转移开，达到间接拒绝的目的，从而收到意想不到的效果。

（7）暗示拒绝法。对那些难以言明的拒绝，不用有声语言，也可用一些体态语来暗示拒绝。如用身体欠佳或疲劳、倦怠、打呵欠的举止使对方感到不安；或目光老向别处看等，暗示对所提要求不感兴趣；或用无实质内容（或等于没有回答，或信息为零）的话回答对方。

五、道歉的技巧

"人非圣贤，孰能无过？"在社会人际交往中，人们总是免不了会犯各种各样的过错的，而知错能改，是心智成熟、人格完善的表现。如因自己无心的过错给他人造成损失、伤害或不良影响时，就需要用真诚的道歉去取得对方的谅解，这是搞好人际关系的又一重要手段。具体如图8-2所示。

图 8-2 道歉

（一）道歉的基本原则

一个人一生中不做错事是不可能的，重要的是错了就应该及时承认、及时道歉。如果我们每个人都能如此，就会减少许多不必要的矛盾和纠纷。

1. 用语规范

道歉用语有着严格的要求。例如：一般场合，可以讲"对不起""很抱歉""失礼了"；有愧对他人之处，宜说"深感歉疚""非常惭愧"；渴望原谅，应说"多多包涵""请您原谅"；给别人带来不便，可以说"打扰了""麻烦了"。

2. 及时

知道自己错了，马上就要说"对不起"，否则拖得越久，就越会使矛盾扩大，越容易使人误解。道歉及时，还有助于当事人"退一步"，大事化小，小事化了。

3. 大方得体

道歉绝非耻辱，故而应当大大方方、堂堂正正，不要遮遮掩掩。不要过分贬低自己，说一些与错事无关的话，显得没有诚意。

（二）道歉的技巧

有了过错就要勇于致歉，道歉的技巧很多，但如果抓住了"真、快、巧"这三个字，很多误会或伤害就可能迅速得以化解、消融。

（三）真——真心、真诚

过错不管大小，也不管是有心还是无意犯的，道歉都必须是发自内心的。只有真心真意的道歉，才会体现出当事人充分的诚意；迫于压力而不得不进行的道歉，是言不由衷的，表明了当事人并没有真正认识到自己的过错，当然也无法取得对方的谅解。因此，道歉时应态度真诚，言辞恳切。真诚的道歉不会丢了面子，失掉尊严，相反，勇于认错所体现出来的胸襟和气度，更会赢得人们的尊重和敬佩。应当先认错，以诚恳的态度取得对方的谅解。千万不要找客观原因，为自己的错误做过多的辩解和开脱。如果确实有必要进行解释，也应在道歉之后进行，例如："真对不起，我来迟了，非常抱歉！今天车子忽然在半路抛锚……"

（四）快——迅速、及时

当过错发生后，要在最短的时间内迅速、及时地道歉，最好是在过错发生的当时，就以真诚的话语迅速表示歉意，以尽快消除对方的不快，"对不起"多说几遍也无妨。否则，拖得越久，对双方越不利；对过错方来说，拖的时间越长，道歉的话就越难说出口；对受害方来说，时间拖久了，就会认为对方缺乏诚意，心中的怨气、怒气恐怕就不那么容易消除了。

同时要客观陈述失误原因。当错误已经酿成，当事人首先要坦率承认错误，真诚道歉，使对方的怒气渐渐平息下来。然后再从主观方面出发，向对方分析自己失误的原因，述说自己的难处，在一般情况下，对方会理解你的苦衷，谅解你的过失。

（五）巧——巧妙、恰当

俗话说：赶得早不如赶得巧。其实道歉也是要讲究一个"巧"字的，也就是要善于根据不同对象不同的性格心理特点，采用不同的方式方法。既要注意时间、地点恰当，又要讲究方式、方法得当。有的人器量大，简单的一句"对不起"就可以达到道歉的目的；而有的人得理不饶人，恐怕就要多费些口舌，一次道歉达不到目的，就要有再次、多次道歉的勇气。有时可以当面单独致歉，有时最好通过合适的第三方牵线搭桥，有时甚至还要在公众面前公开道歉；有时言语不足以表达歉意，可以用卡片、鲜花等小礼物传情达意；还可以通过短信、电话、信函等方式致歉，以避免双方面对面的尴尬。

单元三　社交语言的实用技巧

　　总之，不管使用哪种方法，都要注意因时而异、因人而异、因事而异；还要根据对方的反应及时调整道歉的方式、方法，只要道歉是发自内心真诚的表达，当事人就一定能够感受得到，化解误会、恩怨，就只是时间问题了。

课后习题

1. 分小组运用所学的社交语言进行交流，并完成500字左右的实践总结。

2. 假如你是一家电器公司的经理，有一天，你在电影院等待区内不经意间看到了另一家大公司的老总，而你早就有意拜访那位老总，因为和他搞好关系，对你的公司有很大帮助。但是，如果冒失地上前去套近乎，有可能对方不愿搭理你，可你又不愿错失这个机会，你将如何进行公关以便和老总建立业务和友谊关系呢？

参考文献

[1] 臧宝飞. 演讲与口才22堂自我训练课[M]. 北京：中国国际广播出版社，2018.

[2] 胡伟，邹秋珍. 演讲与口才（第3版）[M]. 北京：清华大学出版社，2021.

[3] 杜赢. 即兴演讲[M]. 北京：中国商业出版社，2021.

[4] 林思诚. 好好说话[M]. 南京：江苏凤凰美术出版社，2020.

[5] 殷亚敏. 练好口才第一本书[M]. 北京：民主与建设出版社，2021.

[6] 左庆兰. 口才训练与沟通技巧[M]. 北京：煤炭工业出版社，2018.